Paris Interiors
Intérieurs parisiens

Lisa Lovatt-Smith

Paris Interiors
Intérieurs parisiens

Edited by
Angelika Muthesius

TASCHEN

Illustration page 2 / Abbildung Seite 2 / Reproduction page 2:
View from the apartment designed by Masakazu Bokura
Blick aus dem Appartement, gestaltet von Masakazu Bokura
Vue de l'appartement décoré par Masakazu Bokura
Photo: Paul Maurer

This book was printed on 100% chlorine-free bleached paper in accordance with the TCF standard.

Hohenzollernring 53, D-50672 Köln
Design: Angelika Muthesius, Cologne; Mark Thomson, London
Picture research: Monica Pilosio, Paris
French translation: Edith Magyar, Paris
German translation: Manfred Allié; Gabriele Kampf-Allié, Euskirchen
Typesetting: Utesch Satztechnik, Hamburg

Printed in Germany
ISBN 3-8228-8932-6
ISBN 3-8228-9289-0 (edition with French cover)

Contents
Sommaire
Inhalt

"Paris, at once mad and subdued, where the unforeseen has always reigned supreme."
George Sand

Paris is, above all, synonymous with glamour. Living in Paris, however modestly, is to tap into a great, glorious past where the decadence and sophistication of a Marie Antoinette, a Toulouse-Lautrec or a Colette contrast with the classic symbols of the bourgeoisie, where luxury and comfort have always co-existed with bohemianism and art for art's sake. In this city on the Seine, distinguished from other capital cities by her undeniable and much celebrated beauty, an especially rich and complex cultural past is mirrored in little engraved notices that inform you that Renoir painted here and that Zola or Balzac lived there. Paris is hopelessly romantic: every street, every typically Parisian occupation, every bridge and café and boulangerie is depicted somewhere in a song or a book or a painting or some wonderful black-and-white photograph. And yet the rich fabric of life in the city, its increasing cultural diversity, the distinctive character of each of the 20 different arrondissements never cease to evolve. Modern Paris is a result of its past, and indeed that of the whole country, but also owes much to the dynamic administration of its heritage and resources.

Parisians themselves, however, tend to live behind closed doors, and their apartments remain strictly private. The gritty, grey city, too often paralysed by the fatal combination of rain and roadworks, can be shut out behind damask curtains and life can carry on much as in the eighteenth century. The follies of Versailles remain the most influential single decorating factor for many Parisians: not that they always seek to emulate *la grandeur*, but the skilled workmen still exist to do so, if and when necessary. But even though Paris is in love with her past, as are the myriad visitors who flock to the city each year, there is a true modernity that makes the city a stimulating place to live. It is comparatively small, comparatively safe, and there is a relentless search for quality epitomised by the work of the embroiderers and seamstresses of the

«Paris, ville folle et sage où l'imprévu a toujours établi son règne.»
George Sand

Paris est d'abord synonyme de prestige et d'éclat. Vivre à Paris, fût-ce modestement, c'est s'approprier en quelque sorte un riche passé où la décadence, la sophistication d'une Marie-Antoinette ou d'un Toulouse-Lautrec, l'audace d'une Colette côtoient les emblèmes classiques de la bourgeoisie traditionnelle; un passé où ceux qui vivaient dans le luxe et le confort ont toujours coexisté avec la bohème et les défenseurs de *l'art pour l'art*. Paris, à cheval sur la Seine, se distingue des autres capitales par son indéniable beauté, si souvent célébrée, et sa longue histoire culturelle se révèle dans les multiples plaques gravées signalant, sur les façades de tel ou tel édifice, que «Renoir a peint ici», que Balzac ou Zola a vécu là. Paris est désespérément romanesque. Chaque rue, chaque pont, chaque café ou boulangerie, chaque activité bien parisienne est décrit quelque part, dans une chanson, un livre, un tableau, ou immortalisé dans une superbe photographie en noir et blanc. Pourtant, le tissu complexe de la vie à Paris, avec sa diversité culturelle croissante et le caractère spécifique de chacun de ses vingt arrondissements, ne cesse d'évoluer. Le Paris moderne est certes le résultat de son passé, comme de celui de la France, mais il doit beaucoup à l'administration dynamique de son patrimoine et de ses ressources.

Pourtant, les Parisiens ont tendance à vivre dans l'intimité de leurs demeures très privées. Ils peuvent oublier, derrière des rideaux de damas, la capitale grise et poussiéreuse, trop souvent paralysée par la combinaison fatale de la pluie et des travaux, et vivre un peu comme au 18e siècle. Les fastes de Versailles restent pour beaucoup de Parisiens la référence esthétique majeure, non qu'ils veuillent systématiquement s'inscrire dans la lignée du Grand Siècle mais, plutôt, conserver ses traditions: des artisans réputés savent en perpétuer les arts et techniques à la demande. Mais si Paris est amoureux de son passé, pour ses myriades de visiteurs, c'est aussi le lieu d'une véritable moder-

»Paris, diese verrückte und zugleich gezähmte Stadt, in der schon immer das Unabsehbare regiert hat.«
George Sand

Denkt man an Paris, fällt einem als erstes das Grandiose ein, der Glanz und der Zauber. Lebt man in Paris, und sei es unter den bescheidensten Umständen, taucht man in eine ruhmreiche Geschichte voller Gegensätze ein: Da kontrastiert die verfeinerte Lebensart einer Marie-Antoinette, die Dekadenz eines Toulouse-Lautrec, die Raffinesse einer Colette mit den klassischen Symbolen der Bourgeoisie, in der neben dem Luxus und der Bequemlichkeit schon immer eine Vorliebe für alles Bohemehafte und Künstlerische um der Kunst willen geherrscht hat. In dieser Stadt an der Seine, die in ihrer vielgepriesenen Schönheit anders ist als andere Hauptstädte, spiegelt sich die außerordentlich reiche und vielfältige Kulturtradition allein schon in den zahlreichen kleinen Gedenktafeln, die dem Besucher verraten, daß hier Renoir gemalt, dort Zola oder Balzac gewohnt haben. Paris ist rettungslos romantisch. Jede Straße, alles typisch Pariserische, all die Brücken, Cafés und Boulangerien sind irgendwo beschrieben, in einem Lied, einem Buch, einem Gemälde oder einer Fotografie. Und dennoch ist das farbenfrohe Gewebe des Pariser Lebens, seine kulturelle Vielfalt, der Charakter jedes der zwanzig Arrondissements in stetem Wandel begriffen. Das moderne Paris ist das Produkt seiner Vergangenheit, der Vergangenheit Frankreichs und nicht zuletzt der dynamischen Art, in der die Stadt mit ihrem Erbe und ihren Ressourcen umgeht.

Das Privatleben der Pariser hingegen spielt sich meist hinter verschlossenen Türen ab, und in ihre Wohnungen gewähren sie nur selten Einblick. Vor der schmutziggrauen Stadt, vor Regen und Straßenbauarbeiten lassen sich die Damastvorhänge zuziehen, und hinter diesen Vorhängen lebt man oft nicht viel anders als im 18. Jahrhundert. Immer noch ist Versailles für viele Pariser geschmack- und stilbildend, wenn es um die Inneneinrichtung geht – nicht daß jeder nach *la grandeur* in den eigenen vier Wänden strebt, aber sollte ihm danach sein, so stehen auch heute noch die Hand-

haute couture. There is a certain *qualité de vie* rare in an urban metropolis, with the added attraction of the vague notion of "Parisian chic" and the wonderful national obsession with *la bonne table*. There is a down side too: there seems to be an international consensus on Parisians that would have them all be irritable, impolite and dogmatic. And at times the city seems to be caught up in a huge bureaucratic tangle, brought to a standstill by strikes and demonstrations...

Paris has been central to European cultural affairs since its foundation as Lutetia in 52 A.D. In fact, it was more of a political and cultural centre than an economic or financial metropolis, at least until the Restoration, when the population doubled in the space of 50 years, changing the physical reality of the city utterly. Paris has been the city of cultural emigrés *par excellence* ever since the mass arrival of the sophisticated White Russians fleeing the Bolsheviks; the 30s were the heyday of international defections by writers, painters and socialites with an artistic bent. The number of English and American writers alone who were more or less based in Paris, such as Henry Miller, Gertrude Stein, Ernest Hemingway, Ezra Pound, James Joyce and F. Scott Fitzgerald, was impressive. The contribution these talented foreigners made to the cultural melting-pot is inevitably tied to our perceptions of this city as being vital, inspiring, creative. Paris, in turn, intoxicated these adoptive sons and daughters: "The city fascinated me, even the most sordid quarters seemed picturesque" (Man Ray).

These honorary Parisians have been so influential that it is difficult to discuss the fascination of the city without them. It is reflected in their work and in their lives. Gertrude Stein strode out manfully between Montparnasse and Montmartre every day for years. Even George Sand, a provincial who, under Stendhal's influence, could never really confess to loving the city, wrote a beautiful little piece for a popular monograph that appeared in the mid-nineteenth century, and which incidentally casts an interesting light on the architectural furore created by George Eugène Baron Haussmann's

nité qui en fait une ville stimulante. Relativement petite, relativement sûre, elle continue à placer très haut ses exigences de savoir-faire (le travail des brodeuses et des petites mains de la Haute Couture en est un exemple) et à maintenir une évidente qualité de vie, rare dans les métropoles, rendue encore plus séduisante par la vague notion de *chic parisien* et par cette magnifique obsession nationale qu'est *la bonne table*. N'oublions pas, cependant, ses côtés sombres: il existe, apparemment, un consensus international sur le caractère irritable des Parisiens, sur leur manque de politesse et leur dogmatisme. Et souvent la ville semble s'engluer dans une immense confusion bureaucratique, immobilisée par les grèves et les manifestations.

Mais Paris a toujours été le centre culturel de l'Europe depuis sa fondation en 52 av. J.-C., quand elle s'appelait encore Lutèce. En fait, la ville s'imposa davantage culturellement et politiquement que sur les terrains économique et financier, jusqu'à la Restauration du moins, époque où la population doubla en l'espace de 50 ans, ce qui changea profondément sa réalité physique.

Paris est, par excellence, la ville des émigrés culturels, depuis l'arrivée massive des Russes blancs cultivés qui fuirent les Bolcheviks. Dans les années 30, ce fut au tour des écrivains, peintres et personnages célèbres du monde entier. Le nombre d'écrivains de langue anglaise, plus ou moins établis à Paris, tels Henry Miller, Gertrude Stein, Ernest Hemingway, Ezra Pound, James Joyce ou F. Scott Fitzgerald, est impressionnant. La contribution de ces talentueux étrangers est inévitablement liée à notre perception d'une ville débordante d'énergie créatrice et d'inspiration.

Paris a toujours enivré ses fils et filles adoptifs. «La ville m'a séduit, même ses quartiers les plus sordides me semblaient pittoresques», a dit Man Ray.

Ces Parisiens d'adoption ont eu une telle influence qu'il est difficile de parler, sans les citer, de la fascination exercée par la ville qui se reflète dans leurs œuvres comme dans leur vie. Pendant des années, Gertrude Stein fit vaillamment à pied le chemin de Montmartre à Montparnasse. Même

werker mit ihren speziellen Kenntnissen und Fähigkeiten zur Verfügung. Doch auch wenn Paris, ebenso wie die immensen Besucherströme, die es Jahr für Jahr dorthin zieht, verliebt in seine Vergangenheit ist, so gibt es doch auch echte Modernität, die die Stadt aufregend macht. Sie ist vergleichsweise klein, vergleichsweise sicher und geprägt von einem unablässigen Streben nach Perfektion, wie es etwa die Arbeit der Stickerinnen und Näherinnen der Haute Couture zeigt. Sie steht für eine gewisse *qualité de vie*, die man nur selten in der Großstadt findet – und nicht zu vergessen die Faszination des »Pariser Chics« und die Begeisterung der Franzosen für *la bonne table*. Aber die Medaille hat auch eine Kehrseite: Alle Welt ist sich offenbar einig, daß die Pariser reizbar, unhöflich und vorlaut sind. Und bisweilen scheint sich die Stadt im Chaos ihrer Bürokratie zu verstricken, und Streiks und Demonstrationen bringen alles zum Stillstand.

Und trotzdem ist Paris Mittelpunkt der europäischen Kultur, seit es im Jahre 52 v. Chr. als »Lutetia« gegründet wurde. Zunächst war es ein vornehmlich politisches und kulturelles Zentrum, Wirtschafts- oder Finanzmetropole wurde es erst in der Restaurationszeit, als sich die Bevölkerung in einem Zeitraum von fünfzig Jahren verdoppelte und die Stadt ein vollkommen neues Gesicht erhielt. Paris ist *die* Stadt für kunstsinnige Emigranten schlechthin, seit die weißrussische Geistes- und Kunstelite auf ihrer Flucht vor den Bolschewisten hier in Scharen ankam. In den dreißiger Jahren zogen aus aller Herren Länder Schriftsteller, Maler und Gesellschaftslöwen nach Paris, und allein schon die Zahl der englischsprachigen Schriftsteller, unter ihnen Henry Miller, Gertrude Stein, Ernest Hemingway, Ezra Pound, James Joyce und F. Scott Fitzgerald, war beeindruckend. Der Beitrag, den all diese Künstler zu jenem Schmelztiegel der Kulturen lieferten, ist mit unserer Vorstellung von Paris als einer vitalen, inspirierenden und kreativen Stadt untrennbar verbunden. Und auch die Adoptivkinder selbst waren berauscht von Paris: »Die Stadt faszinierte mich, sogar die heruntergekommensten Viertel fand ich malerisch« (Man Ray).

So bedeutend war von jeher der Einfluß der

much-needed modernisation of the capital: "I know of no other city in the world where it is more agreeable to walk along in a reverie than Paris... Some people may miss the Paris of yore, but I never did grasp its sinuous ways even though I, like so many others, was brought up there. Today, the wide clearings – albeit too straight for the artist's taste but so very reliable – allow you to wander for hours at a time, hands in pockets, without getting lost or being obliged to stop at every corner to ask your way of the neighbourhood or corner grocer. What a blessing to stroll along a wide pavement, without having to listen to or look at anything, thus free to dream while still able to see and hear. Something in the air, in the 'sound' of Paris, I don't quite know what, sways you in a way you won't find elsewhere. The setting is lively, that cannot be denied. Nowhere else is the charm belonging to temperate climes revealed (when it is revealed) as well as here, where the air is damp, where the skies are pink, black or pearl in the brightest and most subtle of shades,

George Sand, si attachée à son Berry et qui, sous l'influence de Stendhal, ne put jamais avouer son amour pour Paris, écrivit un magnifique petit texte publié, au milieu du 19e siècle, dans un pittoresque recueil de témoignages, lequel jette un éclairage intéressant sur la fureur déclenchée par les travaux de modernisation de la capitale entrepris par Georges Eugène Haussmann. «Je ne sais pas de ville au monde où la rêverie ambulatoire soit plus agréable qu'à Paris... Regrette qui voudra l'ancien Paris: mes facultés intellectuelles ne m'ont jamais permis d'en reconnaître les détours, quoique, comme tant d'autres, j'y aie été nourrie. Aujourd'hui que de grandes percées, trop droites pour l'œil artiste mais éminemment sûres, nous permettent d'aller longtemps, les mains dans nos poches, sans nous égarer et sans être forcés de consulter à chaque instant le commissionnaire du coin ou l'affable épicier de la rue; c'est une bénédiction que de cheminer le long d'un large trottoir, sans rien écouter et sans rien regarder, état fort agréable de la

Wahl-Pariser, daß es schwierig ist, die Faszination dieser Stadt losgelöst von ihnen zu begreifen. Sie spiegelt sich in ihrem Leben und ihren Werken. Gertrude Stein marschierte jahrelang unbeirrt jeden Tag den Weg von Montparnasse nach Montmartre. Sogar George Sand, eine Frau aus der Provinz, die unter Stendhals Einfluß niemals wirklich zugeben konnte, daß sie die Stadt liebte, schrieb einen wundervollen kleinen Text für einen populären Bildband, der Mitte des 19. Jahrhunderts erschien. Dieser Text wirft ein interessantes Licht auf die leidenschaftlich geführte städtebauliche Diskussion, die die Forderung des Präfekten George Eugène Baron Haussmann nach einer Modernisierung der Hauptstadt auslöste: »Ich kenne auf dieser Welt keine andere Stadt, in der das Träumen beim Herumspazieren so angenehm ist wie in Paris... Wem's beliebt, der soll dem alten Paris nachtrauern. Mein Intellekt hat mir nie gestattet, mich an den Umwegen zu freuen, obwohl ich mit ihnen großgeworden bin. Heute, da die großen Durchfahrtsstraßen, die zu gerade für das Auge des Künstlers, aber ungemein sicher sind, uns erlauben, lange vor uns hin zu schlendern, ohne uns zu verlaufen, ohne alle Augenblicke den Polizisten an der Ecke oder den freundlichen Krämer in seinem Laden nach dem Weg fragen zu müssen, heute ist es eine Wohltat, über das breite Trottoir zu wandeln, ohne etwas zu hören, ohne etwas zu sehen, ein höchst angenehmer Traumzustand, der keineswegs daran hindert, zu hören und zu sehen.

In der Pariser Luft, im ›Klang‹ von Paris, ist etwas, ich weiß nicht, woher es kommt, das man anderswo nicht spürt. Es ist eine gewisse Fröhlichkeit, die sich einfach nicht leugnen läßt. Nirgendwo zeigt sich der besondere Charme, der den gemäßigten Klimazonen eigen ist, deutlicher (wenn er sich zeigt) als in Paris: in der feuchtwarmen Luft, dem rosigen, geflammten oder perlmuttglänzenden Himmel, der in den lebhaftesten oder zartesten Farben erstrahlt; in den blinkenden Fensterscheiben vor den Geschäften, die mit den buntesten Sachen vollgestopft sind; in der Annehmlichkeit des Flusses, der nicht zu schmal und nicht zu breit ist, und der lieblichen Klarheit seiner Spiegelungen; in der ungezwungenen Lebensart der

with shining shop windows and their colourful displays... the river's pleasant presence – neither too narrow nor too wide – and the clear reflections in the water... the easy gait of its inhabitants, at once brisk and leisurely... the confused sounds of the city as harmony, every sound of a population marvellously fortunate in its proportions and sprawl. In Bordeaux, as in Rouen, river voices and movements dominate all: it can be said that life is to be found on the water. In Paris, life is everywhere, so that everything seems more alive than elsewhere. How sweet it is to take advantage of the present moment, then to be lulled by the movement and murmur of a city at once mad and subdued, where the unforeseen has always reigned supreme, thanks to the habit of well-being that is the dream of its inhabitants, and to their outgoing social nature which staves off any extended discord. Paris wants to live, it wants to live more than anything."

It is worth examining the reasons for and the results of Baron Haussmann's transformation of the capital, because they created the Paris we know.

By the mid-19th century, the city had grown up higgledy-piggledy on a pattern that was essentially mediaeval. The concept of urban planning had been toyed with by politicians and humanists for the previous 50 years. Certain reforms had been made, but despite Napoleon's Rue de Rivoli and the Rue des Ecoles built by his nephew, Paris was effectively a giant slum, dark and dangerous, insalubrious and unhygienic. Pre-Haussmann Paris was a succession of village-like districts desperately in need of modernisation. Many projects were put forward, some of which were far too sweeping and certainly not what was needed either; as Victor Hugo noted ironically in 1831:

"For the purpose of aligning this or that square or street, they want to destroy Saint-Germain-l'Auxerrois; someday they will destroy Notre-Dame in order to enlarge the square in front of it; one day they will raze Paris to the ground in order to widen the *plains des Sablons*. Alignment, levelling – big words for big ideas, in the name of which they are destroying all the edifices, both literal and figurative, in our society as in our city."

rêverie qui n'empêche pas de voir ni d'entendre. Il y a dans l'air, dans le ‹son› de Paris, je ne sais quelle influence particulière qui ne se rencontre pas ailleurs. C'est un milieu gai, il n'y a pas à disconvenir. Nulle part le charme propre aux climats tempérés ne se manifeste mieux (quand il se manifeste), avec son air moite, ses ciels roses, noirs ou nacres des tons les plus vifs et les plus fins, les vitres brillantes de ses boutiques follement bigarrées, l'aménité de son fleuve ni trop étroit ni trop large, la clarté douce de ses reflets, l'allure aisée de sa population à la fois active et flâneuse, sa sonorité confuse où tout s'harmonise...
A Bordeaux comme à Rouen, les voix et le mouvement du fleuve dominent tout et on peut dire que la vie est sur l'eau: à Paris, la vie est partout; aussi tout y paraît plus vivant qu'ailleurs. Il est donc très doux pour quiconque peut jouir du moment présent, de se laisser bercer par le mouvement et le murmure particulier de cette ville folle et sage où l'imprévu a toujours établi son règne, grâce aux habitudes du bien-être que chacun y rêve et à la grande sociabilité qui la préserve des luttes prolongées. Paris veut vivre, il le veut impérieusement.»

Il n'est pas sans intérêt d'examiner les raisons qui ont poussé le baron Haussmann à entreprendre ses transformations de la capitale, et leurs résultats, car c'est à lui que l'on doit le Paris que nous connaissons.

Au milieu du 19e siècle, la ville s'était étendue sans ordre, suivant une organisation essentiellement médiévale. L'idée de planification urbaine était évoquée par les politiques et les humanistes depuis une cinquantaine d'années. Quelques travaux avaient été entrepris mais, en dépit de la rue de Rivoli que l'on doit à Napoléon et de la rue des Ecoles, construite par son neveu, Paris était, en fait, une grande ville sordide, sombre, dangereuse, insalubre. Avant Haussmann, elle se composait d'une succession de villages, ou quartiers distincts, qui avaient terriblement besoin d'être modernisés. De nombreux projets furent avancés, dont certains étaient trop radicaux ou répondaient mal aux nécessités. En 1831, Victor Hugo ironisait:

Bewohner, die zugleich geschäftig und müßig sind, der chaotischen Geräuschkulisse, in der alles wieder einen harmonischen Gleichklang findet – denn wie jedes Geräusch hat auch das der Stadtbevölkerung seine unverwechselbare Melodie. In Bordeaux oder auch in Rouen beherrschen die Stimmen und die Bewegung des Flusses alles, so daß man sagen kann, das Leben sei auf dem Wasser. In Paris hingegen ist das Leben überall; hier scheint alles lebendiger als anderswo.

Es ist also ganz wunderbar für jemanden, der den Augenblick zu genießen weiß, der sich von der Bewegung forttragen lassen kann und sich einlullen läßt von dem besonderen Gemurmel dieser verrückten und zugleich gezähmten Stadt, in der schon immer das Unabsehbare regiert hat, dank der Lebensgewohnheit, sich nach dem Wohlbefinden zu richten, wovon jeder hier träumt, und dank der ausgeprägten Umgänglichkeit der Bewohner, die die Stadt vor allzu langen Kämpfen bewahrt hat. Paris will leben, und zwar um jeden Preis.«

Es lohnt sich, die Gründe für Baron Haussmanns Umgestaltung der Stadt und deren Ergebnisse näher in Augenschein zu nehmen, denn damals entstand das Paris, das wir heute kennen.

Bis zur Mitte des 19. Jahrhunderts war die Stadt, deren Bevölkerung durch immer neue Zuwanderungen stark angewachsen war, im wesentlichen nach einem Muster entstanden, das noch auf das Mittelalter zurückging. Bereits seit der Wende zum 19. Jahrhundert dachten Politiker und Humanisten über Sanierungsmaßnahmen nach. Gewisse Reformen hatte es gegeben, doch trotz Napoleons Rue de Rivoli und der von seinem Neffen errichteten Rue des Ecoles war Paris letzten Endes ein einziges riesiges Elendsviertel, dunkel, gefährlich, kränkelnd und unhygienisch. Das Paris der Zeit vor Haussmann war eine Ansammlung dörflicher Bezirke, die der Modernisierung bedurften. Mehrere Projekte wurden diskutiert – einige waren zu radikal und entsprachen nicht den Anforderungen. Victor Hugo kommentierte 1831: »Sie wollen Saint-Germain-l'Auxerrois abreißen, um den Platz oder die Straße zu begradigen. Eines Tages werden sie Notre-Dame niederreißen, um den Kirchplatz zu vergrößern; und

This acid comment was inspired by one of the oddest laws imaginable concerning property in Paris: the first pavements had come into being in 1823, thus necessitating the widening of roads. Owners were therefore forbidden to repair the façades of their buildings, the perverse logic being that these would eventually crumble into ruins and thus could be rebuilt further back!

The result was, of course, the deplorable degeneration of much Parisian property and "irregular" roads such as the present-day Rue Quincampoix where the façades are set at different distances from the road. It was this chaotic moment of the city's history that inspired Victor Hugo's "Les Misérables", a name that had gradually come to mean the victims of a particularly Parisian misery. The writer Lecouturier, defying Balzac's description of a brilliant *demi-monde*, saw a wilderness, a few years before Haussmann changed the city forever: "There is no such thing as a Parisian society, no such thing as Parisians. Paris is but a camping ground for nomads." The historian Bernard Marchand called the revolution of 1848 "a revolt against the herding together of people, against slums, epidemics, problems of transportation, too high rents for living quarters that were too small and too squalid, unemployment or uncertain work: the June days were largely a matter of urban revolt."

The new emperor, Napoleon III, committed himself to modernising Paris. He appointed Haussmann as city prefect in 1853 and Haussmann's reforms effectively created the architecturally coherent whole that we know today, and the classic 19th century proportions that one associates with living in Paris. Many of the apartments in this book are of the variety that one sees advertised in the To Rent or For Sale section of *Le Figaro*: "Classic Parisian apartment, Haussmann-period building, rough-hewn stone, domestics' quarters…"

Baron Haussmann was responsible for the transformation which shocked world opinion and became an international reference point and example, owing to the size of the project and the extraordinary rapidity with which it was carried out. It symbolized the creation of a bourgeois city, where

«On veut démolir Saint-Germain-l'Auxerrois pour un alignement de places ou de rues; quelque jour, on détruira Notre-Dame pour agrandir le parvis; quelque jour on rasera Paris pour agrandir la plaine des Sablons. Alignement, nivellement, grands mots, grands principes pour lesquels on démolit tous les édifices au propre et au figuré, ceux de l'ordre intellectuel comme ceux de l'ordre matériel, dans la société comme dans la cité.»

Ce commentaire acide s'inspirait d'une des lois les plus insensées ayant jamais touché les immeubles parisiens et leurs propriétaires. Pour construire des trottoirs (les premiers étaient apparus en 1823), il fallait élargir les voies publiques. On interdit donc aux propriétaires de réparer les façades avec l'idée perverse que les immeubles tomberaient ainsi en ruine et que l'on pourrait alors les reconstruire en retrait!

L'effet fut radical: insalubrité accrue, dégradation de nombre d'édifices parisiens et rues «irrégulières» – telle la rue Quincampoix aujourd'hui dont les façades ne sont pas alignées. Ce fut ce moment chaotique de l'histoire de la ville qui inspira «Les Misérables» de Victor Hugo, nom qui s'est mis à désigner, petit à petit, les victimes spécifiques de la misère parisienne. L'écrivain Lecouturier narre la brutalité de ce Paris dans un constat tout à l'opposé des descriptions d'un Balzac sur le demi-monde et son lustre: «Il n'y a pas de société parisienne, il n'y a pas de Parisiens. Paris n'est qu'un campement de nomades.» C'était quelques années avant que Haussmann ne transforme Paris. L'historien Bernard Marchand dit de la révolution de 1848 que ce fut «une révolte contre l'entassement, les taudis, les épidémies, les transports difficiles, les loyers trop élevés, les logements trop petits et trop misérables, le chômage ou le travail précaire: les journées de Juin furent en grande partie un soulèvement urbain».

Le nouvel empereur, Napoléon III, s'engagea à moderniser Paris. Il nomma Haussmann préfet en 1853 et ses réformes créèrent l'unité architecturale cohérente que nous connaissons aujourd'hui et les harmonieuses proportions dix-neuvièmistes que l'on associe désormais à la capitale française. Bien

dann werden sie Paris dem Erdboden gleichmachen, um die Exerzierplätze zu vergrößern. Begradigung, Einebnung – große Worte für hehre Prinzipien, um derentwillen man alle Bauwerke im wörtlichen und übertragenen Sinn zerstören wird, die steinernen ebenso wie die des Geistes, die unserer Gesellschaft ebenso wie die unserer Stadt.«

Anlaß dieses bissigen Kommentars war eines der merkwürdigsten Eigentumsgesetze, das man sich vorstellen kann. 1823 begann man erstmals, Bürgersteige anzulegen, was eine Verbreiterung der Straßen erforderlich machte. Man erließ daraufhin ein Verbot, die Hausfassaden instand zu halten. Diesen Erlaß diktierte die seltsame Logik, daß die Häuser unweigerlich zerfallen würden, um dann, ein Stück nach hinten versetzt, wiederaufgebaut werden zu können.

Der beklagenswerte Verfall vieler Gebäude ließ die »unregelmäßigen« Straßenführungen entstehen, die zum Beispiel die heutige Rue Quincampoix aufweist, wo die Fassaden in unterschiedlichem Abstand zur Straße stehen. Dieser chaotische Augenblick in der Geschichte der Stadt war es, der Victor Hugo zu »Les Misérables« inspirierte, eine Bezeichnung, die sich für die Opfer eines eigentümlich pariserischen Elends eingebürgert hatte. Der Schriftsteller Lecouturier sah statt Balzacs schillernder *demi-monde* nichts als Einöde: »Es gibt dort keine Pariser Gesellschaft, es gibt dort keine Pariser. Paris ist doch nichts weiter als ein Nomadenlager.« Das war wenige Jahre, bevor Haussmann die Stadt für immer verwandelte. Der Historiker Bernard Marchand nennt die Revolution von 1848 »eine Revolte gegen das Zusammenpferchen der Menschen, gegen die Elendsquartiere, die Epidemien, die schwierigen Verkehrs- und Transportbedingungen, die zu hohen Mieten für zu kleine und zu heruntergekommene Wohnungen, gegen die Arbeitslosigkeit und die unsicheren Arbeitsplätze. Die Junitage standen zum großen Teil im Zeichen des städtischen Aufstands.«

Napoleon III. machte es sich zur Aufgabe, Paris zu modernisieren. 1853 berief er Haussmann zum Präfekten, und dessen Reformen schufen letzten Endes das architektonisch stimmige Ganze

such comforts as artificial lighting, heating and cooking stoves dramatically changed not only the architecture people lived in but also the way Parisians lived. The introduction of piped gas, for example, meant that longer corridors were now possible and that windows were no longer required in every room.

Haussmann did not believe in shoddy workmanship, which made no economic sense to him, and, despite the speed with which the work was carried out, the buildings were decorative, solid and built for the most part with large, 19th century households in mind, with servants' quarters and a separate stairway and real courtyard. In his novel "La Curée", Zola gave a vivid description of the discrepancy between the architectural pomp of Haussmann's Paris and the moral decadence of life behind the façades.

Haussmann copied the London model (the British capital had been "modernised" forty years earlier) in his creation of a sewage system, public parks and buildings, permanent markets, street lighting, transport systems...

He created a new architectural language with his wide, tree-lined boulevards that allowed the city to breathe; with his six-storey buildings, all with a balcony on the fifth floor, all with flat walls and regularly proportioned windows but with different details, stonework and doors. There is harmony and coherence in the proportions; the height of the buildings is determined by the width of the street. Symmetry is taken to such a point that it often appears that it is but one façade that runs the whole length of a boulevard; yet, inside and out, each building differs from its neighbours.

François Loyer praises this "variety of detail and overall harmony of the ensemble by which the fragile equilibrium of urban coherence is achieved." All this was done at immense cost: both financially – which is what his contemporaries eventually ousted him for – and socially. By creating a bourgeois city, Haussmann was ultimately responsible for social segregation, for aggravating the disparities between the Right and Left banks, between the wealthy areas and the poorer areas, and between Paris and her

des appartements décrits dans ce livre sont du type que vantent les petites annonces «A VENDRE» ou «A LOUER» du *Figaro*: «Classique appartement parisien, immeuble haussmannien, pierre de taille, clair, chambre de service.»

Le baron Haussmann effectua des transformations qui choquèrent l'opinion mais devinrent une référence et un exemple pour le monde entier de par l'ampleur du projet et l'extraordinaire rapidité avec laquelle il fut exécuté. Il symbolisait l'émergence d'une cité bourgeoise où des améliorations telles que la lumière électrique, le chauffage et les cuisinières à gaz transformaient considérablement non seulement l'aspect des rues et des intérieurs mais les modes de vie. L'introduction des canalisations de gaz, par exemple, impliquait la possibilité de faire des couloirs plus longs et, si nécessaire, des pièces sans fenêtre. Haussmann n'était pas un partisan du travail bâclé, financé à moindre prix; malgré la vitesse d'exécution, les immeubles qu'il fit bâtir étaient donc solides, très décoratifs et conçus, dans leur majorité, pour les familles nombreuses du 19e siècle qui logeaient leurs domestiques: ils comportent généralement un escalier et une cour de service. Zola a décrit le contraste entre la pompe ornementale des façades de pierre du Paris de Haussmann et la décadence morale qui se cachait derrière ces murs dans son roman «La Curée».

Haussmann s'était inspiré du modèle londonien (la capitale britannique avait été modernisée 40 ans plus tôt) pour son système d'égoûts, ses jardins publics, ses marchés couverts permanents, son éclairage des rues, ses transports... Il élabora un nouveau langage architectural avec ses larges boulevards bordés d'arbres qui donnaient sa respiration à la ville, ses immeubles de six étages, tous pourvus d'un balcon au cinquième, de façades planes et de fenêtres disposées régulièrement. Malgré cette uniformité d'ensemble, le travail ornemental des détails sculptés et des portes est toujours singulier.

Haussmann rechercha l'harmonie: la hauteur des immeubles est déterminée par la largeur de la rue. La symétrie est poussée à un tel point que l'on a souvent l'impression qu'une seule façade court

und die neoklassischen Proportionen, die man heute mit Paris assoziiert. Viele der in diesem Buch gezeigten Wohnungen gehören zu jenem Typus, der auf der Immobilienseite des *Figaro* als »Klassische Pariser Altbauwohnung, Haussmann-Gebäude, behauener Quaderstein, hell, Dienstbotenzimmer...« angeboten wird.

Haussmann war verantwortlich für jene Umgestaltung, die die Gemüter in aller Welt erhitzte und internationale Maßstäbe setzte, was den Umfang des Projekts und die Schnelligkeit angeht, mit der es umgesetzt wurde. Paris wurde zum Inbegriff der bürgerlichen Stadt, in der künstliche Beleuchtung, Öfen und Herde nicht nur die Architektur, sondern auch den Lebensstil der Pariser nachhaltig veränderten. So ermöglichte beispielsweise die Einführung des Gaslichts eine Verlängerung der Korridore, und nicht jeder Raum brauchte ein Fenster. Haussmann legte Wert auf Qualitätsarbeit, denn billiges Bauen war nach seiner Vorstellung unökonomisch. Trotz der Geschwindigkeit, mit der die Häuser errichtet wurden, waren sie ansehnlich, solide und in erster Linie für die Großfamilien des 19. Jahrhunderts gebaut und verfügten über eigene Wohnräume, Treppen und Höfe für das Dienstpersonal.

Haussmann hielt sich an das Vorbild Londons (die britische Hauptstadt war bereits vierzig Jahre zuvor »modernisiert« worden) und ließ Abwasserkanäle, Parks, Markthallen anlegen, sorgte für Straßenbeleuchtung, öffentliche Transportmittel... Er schuf neue Architekturkonzepte, die in den breiten, baumbestandenen Boulevards ebenso Ausdruck fanden wie in den sechstöckigen Wohnhäusern: Alle hatten einen Balkon in der fünften Etage, alle waren mit glatten Wänden und gleichmäßig proportionierten Fenstern ausgestattet, zeigten sich aber in den Details, im Mauerwerk und den Türen unterschiedlich. Ihre Proportionen sind harmonisch und klar – die Höhe der Häuser richtet sich nach der Breite der Straße. Die Symmetrie geht so weit, daß oft der Eindruck entsteht, eine einzige Fassade erstrecke sich über den ganzen Boulevard; doch innen und außen ist jedes dieser Häuser anders als die benachbarten.

suburbs. Yet this is the Paris that has remained: although we have only Eugène Atget's photographs by which to remember *Les Halles*, the great central market, and many other vanished buildings, and although we have Beaubourg and the Pyramid and La Défense and the other *Grands Travaux*, today's Paris still has Haussmann's structure. Inside, however, decorative influences have recently changed: the French have finally shaken off that dreadful, asphyxiating mantle of "good taste" which, for decades, nipped in the bud any signs of exoticism or a love of the extraordinary. In decorator Jacques Garcia's words, average French taste "doesn't appreciate extravagant things. The French will buy a little Louis XV commode with nice marquetry, but they won't buy a sublime commode – it's too much for them".

Gone, and deliberately underrepresented in this book, are the endless variations on the boulevard apartment, painted that dreadful greenish colour so beloved of the Gallic eye and appropriately named *caca de oie* (goose shit). Gone are the cream, ecru and eggshell 19th-century rooms leading out of each other in an insipid progression of off-white tones that immediately start to look dingy in the Paris pollution.

In, and with a very high-profile splash of colour, is the much publicised Left Bank apartment of Françoise and Christian Lacroix, designed with decorator Jean-Louis Riccardi in 1989 and heralding a decade in which paint effects and rooms painted yellow, orange, pea-green and chartreuse would hit the mainstream. Often, however, there is none of the subtlety of the Lacroix blend of southern *joie de vivre* and very English eccentricity. In recent years, certain currents have made themselves felt, such as the influence of Bloomsbury, the celebration of the French 1930s and 40s exemplified by the furniture of Jean-Michel Frank and Jean Royère and the plaster objects of Diego Giacometti, the graphics of the Viennese Secession, colour schemes inspired by Russian orthodox interiors, Islamic motifs... Fashion and individual tastes adapt these major influences, juxtapose styles.

Many of the apartments shown in this book

tout le long d'un boulevard; pourtant, à l'intérieur comme à l'extérieur, chaque immeuble diffère de son voisin. François Loyer admire cette «variété de détails et l'unité de l'ensemble», cet art qui consiste à «réaliser, dans un équilibre fragile, une ville cohérente».

Tout cela coûta très cher, d'un point de vue économique (ce que ses contemporains ne manquèrent pas de reprocher au baron) mais aussi social. Haussmann fut le responsable d'une nouvelle ségrégation car il accentuait les disparités entre la rive gauche et la rive droite, entre les quartiers riches et les pauvres, entre Paris et sa banlieue. C'est pourtant le Paris qui nous est resté. Bien que seules les photographies d'Eugène Atget nous rappellent Les Halles, le grand ventre de Paris et que nombre d'autres édifices aient disparu, remplacés par Beaubourg, la Pyramide du Louvre, La Défense et autres *Grands Travaux*, Paris a gardé dans l'ensemble, sa structure haussmannienne. Et ses intérieurs.

Cependant les influences décoratives ont fini par évoluer. Les Français se sont finalement débarrassés de cette chape asphyxiante du «bon goût» qui, pendant des décennies, a étouffé dans l'œuf tout intérêt pour l'exotisme ou l'extraordinaire. Selon le décorateur Jacques Garcia, le goût français, «n'apprécie pas généralement l'extravagance. Le Français achètera une petite commode Louis XV avec une jolie marqueterie mais pas une commode sublime... C'est trop pour lui».

Démodés, et délibérément écartés de ce livre, les appartements peints dans ces infinies variations de tons verdâtres, tant appréciés de l'œil gaulois et si justement appelés «caca d'oie». Disparus les tons crème, écrus et coquille d'œuf du 19e siècle qui, sur les murs des pièces en enfilade, proposaient une insipide progression de blancs cassés, trop vite salis par la pollution parisienne.

Les couleurs franches sont au contraire très prisées par Françoise et Christian Lacroix dans leur appartement tant vanté de la rive gauche. Conçu avec l'aide du décorateur Jean-Louis Riccardi en 1989, il symbolise une époque où les effets de texture sur les murs, les tons jaunes, oranges, vert

François Loyer preist diese »Vielfalt der Details und die Einheitlichkeit des Ganzen, wodurch das empfindliche Gleichgewicht eines kohärenten Stadtbilds erzielt wird«. Die Kosten dafür waren ungeheuer – in finanzieller Hinsicht (Haussmann verlor deshalb sein Amt) wie auch in gesellschaftlicher. Indem er eine bürgerliche Stadt schuf, verschärfte Haussmann die sozialen Gegensätze und vertiefte die Kluft zwischen den beiden Seineufern, zwischen den reicheren und den ärmeren Vierteln und zwischen Paris und den Vorstädten. Doch sein Paris hatte Bestand, obwohl uns als Erinnerung an Les Halles (die großen zentralen Markthallen) und viele andere Gebäude, die nicht mehr stehen, nur Atgets Fotografien bleiben. Und obwohl das Beaubourg, die Pyramide, La Défense und die anderen *Grands Travaux* hinzugekommen sind, bewahrt das heutige Paris dennoch sein von Haussmann geschaffenes Gesicht.

Im Inneren der Häuser hingegen hat sich in letzter Zeit vieles gewandelt, vor allem, weil die Franzosen endlich die alles erdrückende Vorherrschaft des »guten Geschmacks« abgeschüttelt haben, der jahrzehntelang jedes Zeichen von Exotik und alle Liebe zum Außergewöhnlichen im Keim erstickte. In den Worten des Innenarchitekten Jacques Garcia klingt dies so: Der französische Durchschnittsgeschmack »mag nichts Extravagantes. Die Franzosen kaufen eine kleine Louis XV-Kommode mit hübscher Einlegearbeit, aber eine erstklassige Kommode, ein bißchen extravagant, die kaufen sie nicht – dazu haben sie nicht den Mut.«

Verschwunden sind die unzähligen Variationen der Boulevardwohnung in jenem schaurigen Grünton, den das gallische Auge so liebt und der zu Recht *caca de oie* heißt. Verschwunden sind auch die phantasielosen creme-, écru- oder eierschalfarbenen Zimmerfluchten, die vom ersten Tag an schmutzig wirken.

Im Trend dagegen liegt die Wohnung von Françoise und Christian Lacroix auf dem linken Seineufer, der durch ihre gekonnte Farbabstimmung große Beachtung geschenkt wurde. 1989 von dem Innenarchitekten Jean-Louis Riccardi und den Lacroix entworfen, wurde sie zum Prototyp eines

boast a similarly eclectic mixture of pieces and periods. Jacques Grange, for example, the decorator who is considered the epitome of chic, propagates his cult of the "cabinet of curiosities", while all the other flea market junkies also continue to collect: an 18th century portrait here, a 50s bronze there.

Antique dealers such as Demachy at the Gallery Caimoin-Demachy, and gallerists such as Pierre Passebon who specialise in the *objet extraordinaire,* have seen themselves confirmed in their beliefs, and the spirit of the great antique dealer Madeleine Castaing, the doyenne of the milieu, is much celebrated.

For the first time this century, following the example of Marie-Laure de Noailles (who in the 30s commissioned perfectly designed Frank interiors only to overwhelm them with precious bric-à-brac), the French are beginning to embrace clutter: a natural enough state of things when the size of the average Parisian apartment is taken into consideration.

Et voilà, c'est la crise – but Paris interiors have never looked quite so individual. This is why this book does not include "designer-decorated" apartments (unless the designers had decorated for themselves) but rather lots of artists' homes, where style breeds in inverse proportion to the money invested. Here, taste is a matter for people and not society – or at least I hope so!

petit pois ou chartreuse se répandent partout. Sans atteindre à la subtilité des alliances tonales de Lacroix, on tente souvent d'allier une atmosphère méridionale, pleine de joie de vivre, à une excentricité typiquement britannique. Ces dernières années, diverses tendances se sont imposées, telle l'influence de Bloomsbury, le retour aux années 30 et 40, représenté par les meubles de Jean-Michel Frank et de Jean Royère et les objets en plâtre de Diego Giacometti, le goût pour les jeux graphiques de la Sécession viennoise, pour les gammes de couleurs inspirées des églises orthodoxes russes, pour les motifs arabes... La mode se plaît à adapter ces influences majeures et à juxtaposer les styles. De nombreux appartements décrits dans ce livre ont adopté cet éclectisme qui aime mélanger les objets et les époques. Jacques Grange, le décorateur qui incarne l'épitomé du chic, avec son goût des cabinets de curiosités et des vieilleries trouvées aux Puces, adore placer un portrait du 18e siècle ici, un bronze des années 50, là.

Des antiquaires comme Demachy à la galerie Camoin-Demachy ou Pierre Passebon qui s'est spécialisé dans *l'objet extraordinaire* se sont vus confirmés dans leurs choix et l'esprit de la grande Madeleine Castaing, doyenne du milieu, est mis au pinacle.

Pour la première fois en ce siècle, à l'exemple de Marie-Laure de Noailles (qui, dans les années 30, demanda à Frank de lui faire un intérieur parfait pour y parsemer, ensuite, un précieux bric-à-brac), les Français commencent à apprécier l'esthétique du pêle-mêle – ce qui va de soi quand on considère la surface de l'appartement parisien moyen.

Et voilà, c'est la crise mais jamais les intérieurs parisiens n'ont été aussi singuliers. C'est la raison pour laquelle on ne trouvera pas, dans ce livre, d'appartement de designers (à moins que ce ne soient les leurs) mais des habitations d'artistes qui affirment leur style en proportion inverse de l'argent investi. Ici, le goût est une question individuelle et non sociale... du moins, je l'espère!

Jahrzehnts, das Gefallen fand an Farbeffekten und Räumen, die gelb, orange oder hellgrün gestrichen waren. Dabei blieb allerdings häufig nichts von der Subtilität, mit der die Lacroix südländische Lebensfreude und typisch Englisches zu verbinden wußten. In den letzten Jahren haben sich gewisse Strömungen bemerkbar gemacht, etwa der Einfluß Bloomsburys, eine Begeisterung für das Frankreich der dreißiger und vierziger Jahre mit seiner Vorliebe für die Möbel von Jean-Michel Frank und Jean Royère und die Stuckobjekte Diego Giacomettis, die Graphik der Wiener Secession, islamische Motive... Mode und individueller Geschmack machen sich diese Trends zu eigen und vereinen die verschiedenen Stile.

Viele der in diesem Buch gezeigten Wohnungen haben eine solch eklektische Mischung von Inventar und Epochen anzubieten. Der Innenarchitekt Jacques Grange mit seinem Kult der *Wunderkammer*, auf diesem Gebiet zur Zeit der Inbegriff allen Chics, und all die anderen sammeln munter weiter auf den Flohmärkten: ein Portrait aus dem 18. Jahrhundert hier, eine Bronze aus den fünfziger Jahren dort. Antiquitätenhändler wie Alain Demachy in der Galerie Caimoin-Demachy oder Galeristen wie Pierre Passebon, die auf das »objet extraordinaire« spezialisiert sind, dürfen sich in ihren Überzeugungen bestätigt fühlen, und alle huldigen dem Geist der Doyenne ihrer Zunft, Madeleine Castaing.

Zum ersten Mal in diesem Jahrhundert und nach dem Vorbild von Marie-Laure de Noailles (die in den dreißiger Jahren perfekt gestaltete Interieurs bei Frank in Auftrag gab, um sie dann mit Nippes vollzustopfen) finden die Franzosen neuerdings Geschmack am Durcheinander: ein Zustand, der sich ganz von selbst ergibt, bedenkt man die durchschnittliche Größe einer Pariser Wohnung. *Et voilà, c'est la crise* – doch die Pariser Interieurs sind individueller denn je. So sind hier Wohnungen von Künstlern zu sehen, bei denen Originalität im umgekehrten Verhältnis zum investierten Geld steht. Hier ist der Geschmack eine Sache der einzelnen, nicht der Gesellschaft – hoffe ich zumindest!

Madame Marie-Ange de Costa, in the grand tradition of Parisian concierges, has green fingers and a passion for collecting. Her "loge" on the Boulevard Saint-Germain is crammed with dolls and what she calls "potiches": iridescent pottery of indeterminate origin. Her delight in anything kitsch or cutesy is surpassed only by her extreme generosity: homeless kittens, ailing azaleas and unwanted ornaments are lovingly adopted with the quick kindness that has transformed her tiny apartment into an Ali Baba's cave of pure fantasy.

Madame Marie-Ange de Costa s'inscrit dans la grande tradition des concierges parisiennes: elle a la main verte et une âme de collectionneuse. Dans sa loge du boulevard Saint-Germain s'accumulent poupées et potiches – des poteries iridescentes au pedigree obscur. Cette passionnée de l'objet de bazar et du kitsch est une femme généreuse: chatons orphelins, azalées souffreteuses et bibelots en disgrâce trouvent chez elle une hospitalité enjouée qui transforme son minuscule appartement en une étonnante caverne d'Ali Baba.

Wie es sich für eine Pariser Concierge gehört, hat Madame Marie-Ange de Costa eine Schwäche für Topfpflanzen, und sie ist eine leidenschaftliche Sammlerin. Ihre Loge am Boulevard Saint-Germain quillt über vor Puppen und dem, was sie »potiches« nennt: irisierende Töpferwaren aus aller Herren Länder. Ihre Liebe zu allem, was kitschig und süß ist, wird nur noch übertroffen von ihrer außerordentlichen Gutmütigkeit: Verwaiste Kätzchen, kränkelnde Azaleen, Zierat, den niemand will, werden liebevoll aufgenommen mit jener Herzenswärme, die ihre winzige Wohnung in eine Schatzkammer der reinsten Phantasie verwandelt hat.

DOCTEUR BRAUN
2e ETAGE

Isabelle Adjani has something of the vagabond in her blood, and slips in and out of different houses in a manner inconceivable to most mortals. The challenge of new spaces, where she can rearrange familiar furniture picked up on the trips to the flea markets that she enjoys so much, is one of her passions. This rather wonderful mansion on the Left Bank that she designed with her great friend the decorator Jacques Grange remains one of her favourites. The anonymous façade hides a verdant courtyard, and the duplex apartment leads directly off it, in the manner of a great many of the 7th arrondisement's finest 18th century structures.

Isabelle Adjani

Isabelle Adjani, qui a gardé une nature quelque peu nomade, passe d'une maison à l'autre avec une facilité inconcevable pour la majorité des mortels. Elle aime les défis, s'approprier de nouveaux espaces, rénover des meubles ordinaires qu'elle trouve en chinant dans les marchés aux puces – un de ses passe-temps favoris. Ce merveilleux hôtel particulier de la rive gauche qu'elle a conçu avec son grand ami, le décorateur Jacques Grange, reste une de ses demeures préférées. La façade anonyme cache une cour verdoyante sur laquelle donne l'appartement en duplex, comme dans beaucoup des beaux édifices 18e du VIIe arrondissement.

Das Wanderleben liegt Isabelle Adjani im Blut, und die unbekümmerte Art, mit der sie bald in dieses, bald in jenes Haus zieht, ist den meisten Normalsterblichen unbegreiflich. Sich der Herausforderung neuer Räume zu stellen, die altvertrauten Möbel, die sie auf ihren geliebten Flohmarktausflügen zusammengetragen hat, neu zu arrangieren, ist eine ihrer größten Leidenschaften. Dieses wirklich wunderschöne Herrenhaus am linken Seineufer, das sie zusammen mit dem Innenarchitekten Jacques Grange, einem guten Freund, gestaltet hat, zählt zu ihren Lieblingswohnungen. Hinter der unauffälligen Fassade verbirgt sich ein grüner Innenhof mit direktem Zugang zu der zweistöckigen Wohnung – wie bei vielen der schönsten Gebäude aus dem 18. Jahrhundert hier im 7. Arrondissement üblich.

The crisp geometry of the stone floor and the exquisite 19th century chairs evoke the aesthetics of Vienna Secessionist architecture. The curved sofa is by Jacques Grange, and it is draped with an antique cashmere. Isabelle has a passion for collecting antique linen and textiles. The painting is a contemporary Chinese still life and the potted palms are placed on bentwood Thonet tables.

La géométrie formelle du sol en pierre et les exquises chaises du 19e siècle évoquent l'esthétique de la Sécession viennoise. Le canapé de Jacques Grange est recouvert d'un cachemire ancien. Isabelle a une passion pour les étoffes et les linges anciens. La peinture est une nature morte chinoise contemporaine et les palmiers en pot sont placés sur des tables de Thonet en bois cintré.

Die klare Geometrie des Steinbodens und die erlesenen Stühle aus dem 19. Jahrhundert lassen an die graphischen Elemente in der Architektur der Wiener Secession denken. Das geschwungene Sofa mit dem Überwurf aus altem Kaschmir hat Jacques Grange entworfen. Isabelle sammelt mit Begeisterung altes Leinen und alte Textilien. Über dem Sofa hängt eine zeitgenössische Landschaftsdarstellung aus China. Mehrere Zimmerpalmen stehen auf elegant geschwungenen Bugholztischen von Thonet.

Upstairs, Jacques Grange helped Isabelle evoke the relaxed atmosphere of a country house. The bare wooden floorboards and the abundance of small chairs – Isabelle's favourite item of furniture – contribute to the impression of space. The painted inset in the alcove gives perspective to the living room gallery. Pale silk curtains and tapestry covered 19th century carpet chairs from Madeleine Castaing add to the Proustian atmosphere.

A l'étage, avec l'aide de Jacques Grange, Isabelle à créé l'atmosphère détendue d'une maison de campagne: le plancher nu et de nombreux petits fauteuils (la pièce de mobilier qu'Isabelle préfère entre toutes) accentuent l'impression d'espace. La peinture dans l'alcôve donne l'impression d'ouvrir une perspective sur la galerie du salon. De pâles rideaux de soie et des fauteuils au petit point 19e de Madeleine Castaing ajoutent à l'atmosphère proustienne.

Im Obergeschoß hat Isabelle Adjani mit Jacques Granges Hilfe die zwanglose Atmosphäre eines Landhauses entstehen lassen. Die einfachen Dielenböden und eine Vielzahl kleiner Sessel – Isabelles Lieblingsmöbel – unterstreichen den Eindruck des Weiträumigen, Großzügigen. Das Gemälde im Alkoven verleiht der Wohnzimmergalerie Tiefe. Die hellen Seidenvorhänge ebenso wie die mit Gobelinstoff bezogenen Sessel aus dem 19. Jahrhundert von Madeleine Castaing unterstreichen eine geradezu Proustsche Stimmung.

Above: *part of Isabelle's booty from years of careful shopping at the flea markets. Romantically shaped and coloured tea sets and silver.*
Right: *the pale blue 18th century boiseries in the dining room were a choice inspired by Jacques Grange; when they met, Isabelle was more inclined toward a simple palette of black and white. Odd armchairs, velvets, cashmeres and damasks, together with the muted palette, evoke a certain provincial charm.*

Ci-dessus: *quelques-uns des trésors patiemment rassemblés par Isabelle pendant toutes ces années où elle a chiné aux Puces. Services à thé aux formes et couleurs romantiques et belles pièces d'argenterie.*
A droite: *c'est Jacques Grange qui a eu l'idée de décorer la salle à manger avec ces boiseries 18e bleu pâle. Isabelle avait d'abord montré une préférence pour une palette stricte de noirs et blancs. Les curieux fauteuils, les velours, les cachemires et les damas assortis aux tons sourds évoquent un charme tout provincial.*

Oben: *ein paar Beutestücke von Isabelles Streifzügen über die Flohmärkte – Tee- und Silbergeschirr in romantischen Farben und Formen.*
Rechts: *Das Blaßblau der Wandvertäfelung aus dem 18. Jahrhundert im Eßzimmer zeugt von Jacques Granges Einfluß: Als die beiden sich kennenlernten, neigte Isabelle eher zu einer einfachen Palette aus Schwarz und Weiß. Einzeln stehende Sessel, Samt, Kaschmir und Damast verbreiten zusammen mit gedämpften Farben einen gewissen ländlichen Charme.*

The bathroom, which boasts an unusual 18th century bathtub, and the rustic kitchen both have irregular terracotta tiled floors adding to the country house atmosphere.

Les sols de la salle de bains, avec son extraordinaire baignoire du 18e siècle, et de la cuisine rustique sont faits de tommettes anciennes qui renforcent l'atmosphère campagnarde.

In der rustikalen Küche und im Badezimmer, dessen Glanzstück eine Wanne aus dem 18. Jahrhundert ist, betonen Fußböden aus unregelmäßigen Terrakottafliesen das Flair vom einfachen Leben und die Landhausatmosphäre.

A view from Alaïa's apartment over the rooftops of the Marais.

L'appartement d'Alaïa donne sur les toits du Marais.

Ein Blick aus Alaïas Wohnung über die Dächer des Marais.

About seven years ago, the tiny Tunisian couturier Azzedine Alaïa, who is one of the most original minds in fashion today, bought an extraordinary disused warehouse in the Marais. He has created his own universe in this building, where he has installed his boutique at ground level, his studio on the first floor and his apartment on the top floor. The cellar has been converted into a communal kitchen where staff, clients and friends congregate to eat. The main warehouse space, with its wonderful glass roof, serves to stage his catwalk shows starring the world's supermodels, outside of any official show schedule: Alaïa presents his clothes to press and buyers when he feels he should. In commissioning Julian Schnabel to design the boutique fittings, and in collecting modern art and pieces from the 1930s, he demonstrates the pursuit of perfection that is the true couturier's greatest motivation.

Azzedine Alaïa

Il y a environ sept ans, le couturier tunisien Azzedine Alaïa, un des talents les plus originaux de la mode contemporaine, a acheté cet extraordinaire entrepôt désaffecté dans le Marais. Il y a créé son propre univers, installant sa boutique au rez-de-chaussée, son atelier au premier et son appartement au dernier étage. La cave a été aménagée en une grande cuisine commune où l'équipe, les clients et les amis se réunissent pour se restaurer. Dans l'espace principal, avec sa superbe verrière, ses galeries et sa passerelle, Alaïa fait défiler ses top modèles internationaux sans tenir compte des dates et horaires obligés de la profession. Le couturier choisit lui-même le moment où il souhaite présenter ses créations à la presse et aux acheteurs. Le fait d'avoir demandé à Julian Schnabel de dessiner les objets et accessoires de la boutique, son goût pour l'art moderne et les œuvres des années 30 démontrent une recherche de perfection qui motive sans cesse sa recherche et ses créations.

Gegen Ende der achtziger Jahre erwarb der tunesische Modeschöpfer Azzedine Alaïa, einer der originellsten Köpfe der heutigen Modeszene, ein ungewöhnliches, leerstehendes Lagerhaus im Marais. Im Innern dieses Gebäudes hat er sich sein eigenes Universum geschaffen: Im Erdgeschoß befindet sich seine Boutique, das Atelier liegt im ersten Stock und seine Wohnung in der obersten Etage. Der Keller wurde zu einer Gemeinschaftsküche ausgebaut, in der sich Angestellte, Kunden und Freunde zum Essen treffen. Der Hauptraum des Lagerhauses mit seinem imposanten Glasdach bildet die Kulisse für Alaïas Modenschauen, bei denen sich stets die Supermodels der Welt auf dem Laufsteg zeigen – und das abseits der offiziellen Modenschautermine. Alaïa stellt seine Kreationen nur dann der Öffentlichkeit vor, wenn er es für richtig hält. Er beauftragte den amerikanischen Künstler Julian Schnabel mit der Ausstattung seiner Boutique. Alaïa selbst sammelt moderne Kunst sowie Designerstücke aus den dreißiger Jahren.

***Previous doublepage:** a portrait of Alaïa in the main warehouse space with two of his dogs.*
***Above, clockwise from top left:** a Julian Schnabel painting in the boutique; a view of Alaïa's apartment with a painting by Georges Condo; the bedroom with another large Julian Schnabel canvas; a sideboard with a Coptic bust of Hadrian, various contemporary paintings and photographs and on the right a Carlo Bugatti chair.*

***Double page précédente:** Alaïa, photographié dans le grand espace central avec deux de ses chiens.*
***Ci-dessus, dans le sens des aiguilles d'une montre:** une toile de Julian Schnabel dans la boutique; vue de l'appartement d'Alaïa avec un tableau de Georges Condo sur le mur du fond; la chambre à coucher avec un autre grand tableau de Schnabel; un buffet avec un buste copte d'Hadrien, diverses peintures et photographies contemporaines et, à droite, un fauteuil de Carlo Bugatti.*

***Vorhergehende Doppelseite:** Alaïa mit zweien seiner Hunde im Hauptraum des Lagerhauses.*
***Oben, im Uhrzeigersinn von links oben:** ein Gemälde von Julian Schnabel in der Boutique; ein Blick in Alaïas Wohnung mit einem Gemälde von Georges Condo; das Schlafzimmer mit einem weiteren großformatigen Bild von Julian Schnabel; eine Anrichte mit einer koptischen Büste des Kaisers Hadrian, diversen zeitgenössischen Bildern und Fotografien und rechts einem Sessel mit markanten Armlehnen von Carlo Bugatti.*

The exposed brick columns add a special touch to the spacious boutique. The clothes rack and the painting against the far wall are both by Julian Schnabel. The floor is in bleached wood throughout; the thick glass tiles set into it on the right let some light down into the basement kitchen.

La boutique avec les piliers en brique nue qui lui prêtent une note particulière. Le tableau, sur le mur du fond, et les portemanteaux sont de Julian Schnabel. Le sol est en bois blanchi, et les dalles en verre épais que l'on aperçoit à droite permettent de donner de la lumière à la cuisine aménagée au sous-sol.

Die weiträumige Boutique erhält durch die freigelegten Backsteinsäulen einen besonderen Akzent. Der Kleiderständer ebenso wie das Gemälde an der hinteren Wand stammen wiederum von Julian Schnabel. Der gesamte Fußboden besteht aus gebleichtem Holz. Durch die dicken Glasbausteine, die rechts in den Holzboden eingelassen sind, fällt Licht in die Küche im Kellergeschoß.

A view of the apartment. An 18th century bed by Georges Jacob is upholstered in bottle-green velvet and acts as a sofa. The cane chairs are American from the 1950s and the table is by Jean Prouvé. On the left in front of the wrought iron lift is a Tunisian puppet in the shape of an animal.

L'appartement. Un lit du 18e de Georges Jacob, recouvert d'un velours vert bouteille, sert de canapé. Des chaises cannées américaines datant des années 50 autour d'une table de Jean Prouvé. A gauche, devant l'ascenseur en fer forgé, une marionnette tunisienne représentant un animal.

Alaïas Privatwohnung: Ein mit flaschengrünem Samt bezogenes Bett von Georges Jacob aus dem 18. Jahrhundert dient als Sofa. Die Flechtstühle aus den fünfziger Jahren stammen aus Amerika, dazu ein Tisch von Jean Prouvé. Links vor dem schmiedeeisernen Aufzug eine tunesische Marionette in Tiergestalt.

A general view of Alaïa's private apartment. The statues on the right are African wood sculptures. The spiral staircase, where the dogs love to perch, is by Jean Prouvé and Raymond Subes; the sideboard on the left is by Jacques Ruhlmann. The painting against the far wall is by Julian Schnabel.

Vue d'ensemble des appartements privés. A droite, des sculptures africaines en bois. L'escalier en colimaçon, où les chiens adorent s'installer, est de Jean Prouvé et de Raymond Subes. La desserte sur la gauche, de Jacques Ruhlmann. Sur le mur du fond, une toile de Julian Schnabel.

Gesamtansicht von Alaïas privaten Räumen. Die Holzfiguren rechts im Bild sind traditionelle Schnitzereien aus Afrika. Die Wendeltreppe, die ein beliebter Aufenthaltsort von Alaïas Hunden ist, haben Jean Prouvé und Raymond Subes entworfen. Die Anrichte links stammt von Jacques Ruhlmann, und das Gemälde an der rückwärtigen Wand ist eine Arbeit von Julian Schnabel.

This classic Parisian apartment in the bustling 10th arrondissement is stuffed with black dolls and curvaceous furniture. Its creator Bjørn Amelan has always been active in the arts and has promoted both photography and fashion in Paris. He shared this apartment with the sadly mourned fashion designer Patrick Kelly, whose extraordinary sense of fun, playfulness and kitsch collection of all things black and beautiful give the apartment a unique atmosphere of its own. The other important collection is that of the 1940s' designs of Jean Royère. Practically the whole apartment is furnished with his creations and comes across as a homage to his creative talent.

Bjørn Amelan

Cet appartement parisien classique situé dans le Xe arrondissement est rempli de poupées noires et de meubles amusants. Son créateur, Bjørn Amelan, travaille dans le monde de l'art et a toujours su promouvoir à Paris la photographie et la mode. Il partageait cet appartement avec le regretté couturier Patrick Kelly qui, par son extraordinaire sens de l'humour, son ludisme et sa magnifique collection kitsch de toutes sortes d'objets black, a donné à ce lieu une atmosphère tout à fait originale. L'appartement renferme aussi une autre collection importante: les meubles de Jean Royère des années 40. Amelan en a mis partout, rendant ainsi hommage à ce créateur.

Diese klassische Pariser Wohnung im geschäftigen 10. Arrondissement ist mit einer Vielzahl schwarzer Puppen und Möbeln in üppigen runden Formen ausgestattet. Der Künstler Bjørn Amelan, der sie einrichtete, ist seit langem in der Kunstszene tätig und hat sich in Paris sowohl unter Fotografen als auch in der Modeszene einen Namen gemacht. Er teilte diese Wohnung mit dem viel betrauerten Modeschöpfer Patrick Kelly; und nicht zuletzt dessen ausgeprägter Sinn für Humor, seine Freude am Spiel und seine Kitschsammlung, die alles umfaßt, was schwarz und schön ist, verleihen der Wohnung eine einzigartige Atmosphäre. Einen zweiten wichtigen Bestandteil des Interieurs bildet die Sammlung von Arbeiten Jean Royères aus den vierziger Jahren. Fast das gesamte Mobiliar stammt von ihm, und die Wohnung als Ganzes wirkt wie eine einzige Hommage an sein schöpferisches Talent.

***Previous page and above:** views of the living room with important Royère pieces, including the amoeba-shaped table and "Polar Bear" sofa. The blue glass and ceramic chandelier is 19th century. The walls are covered in straw matting by Roberto Bergero, who conceived the overall golden and straw-yellow tones of the apartment.*

***Page précédente et ci-dessus:** vue du salon avec d'importantes pièces de Royère, dont une table de forme amibienne et le canapé «Ours polaire». Le lustre en verre bleu et porcelaine date du 19e siècle. Les murs ont été couverts d'une natte en paille de Roberto Bergero qui a également choisi les tons dorés et jaune paille que l'on retrouve dans tout l'appartement.*

***Vorhergehende Seite und oben:** das Wohnzimmer mit wichtigen Stücken von Royère, darunter der amöbenförmige Tisch und das »Eisbären«-Sofa. Die Deckenlampe aus dem 19. Jahrhundert besteht aus blauem Glas und Keramik. Die Wände hat Roberto Bergero mit Strohmatten verkleidet. Seine Idee war es auch, die gesamte Wohnung in Gold und Strohgelb zu halten.*

Another view of the living room showing the Royère "Polar Bear" armchairs. In the foreground is a painting of Joséphine Baker, reworked by Patrick Kelly: buttons were his trademark items that he often incorporated into his designs.

Autre perspective sur le salon avec les fauteuils «Ours polaire» de Royère et un portrait de Joséphine Baker retravaillé par Patrick Kelly. Les boutons, qu'il insérait volontiers dans ses créations, étaient ses objets fétiches.

Nochmals das Wohnzimmer mit den »Eisbären«-Sesseln von Royère. Im Vordergrund ist ein Bild von Joséphine Baker in der Bearbeitung Patrick Kellys zu sehen: Knöpfe waren sein ganz spezielles Markenzeichen, und er verwandte sie immer wieder in seinen Entwürfen.

***Above:** view of the entrance hall with Royère chairs and a 40s' table. Part of Kelly's collection of black dolls, statuettes and figurines, mostly American and African, can be seen. On the wall are vintage black-and-white photographs of Africa.*
***Right:** leopard skins and boxes in marquetry of wood and straw. The furniture, including the sheepskin chaise longue, is by Royère. The bust on the fireplace is by Bjørn's father.*

***Ci-dessus:** l'entrée avec des chaises de Royère et une petite table des années 40. Quelques poupées, statuettes et figurines noires de la collection de Kelly, la plupart américaines ou africaines. Au mur, de magnifiques photographies en noir et blanc de l'Afrique.*
***A droite:** des peaux de léopard et, sur la droite, des boîtes en marqueterie de bois et de paille. Les meubles, dont la chaise longue en peau de mouton, sont de Royère. Sur la cheminée, un buste fait par le père de Bjørn.*

***Oben:** die Eingangshalle mit Stühlen von Royère und einem Tisch aus den vierziger Jahren. Auf verschiedenen Regalen befindet sich ein Teil von Kellys Sammlung schwarzer Puppen, Statuetten und Figurinen, die größtenteils aus Amerika oder Afrika stammen. Die Wände zieren Schwarzweiß-Fotografien mit afrikanischen Motiven.*
***Rechts:** Leopardenfelle sowie Schachteln mit Einlegearbeiten aus Holz und Stroh. Die mit Schaffell bezogene Chaiselongue wie auch die übrigen Möbel sind von Royère, die Büste auf dem Kaminsims hat Bjørns Vater geschaffen.*

Above: *the 19th century stained glass windows in the corridor and a number of solid dining chairs by Royère.*
Right: *an impressive sideboard by Jean-Michel Frank, in straw marquetry. The curtains are in straw, designed by Roberto Bergero, who also papered the wall in sheets of gold leaf. An African woven shield is on the wall, along with masks of Grace Jones by Jean-Paul Goude. The busts were sculpted by Bjørn's father.*

Ci-dessus: *le couloir avec la fenêtre en vitraux du 19e siècle et de robustes chaises de Royère.*
A droite: *un impressionnant buffet de Jean-Michel Frank en marqueterie de paille. Les rideaux, couleur paille, sont de Roberto Bergero qui a aussi travaillé le mur à la feuille d'or. Au mur, un bouclier africain en jonc et des masques de Grace Jones par Jean-Paul Goude. Les bustes sont du père de Bjørn.*

Oben: *Buntglasfenster aus dem 19. Jahrhundert im Flur, darunter massive Eßzimmerstühle von Royère in schnurgerader Linie nebeneinandergestellt.*
Rechts: *eine eindrucksvolle Anrichte von Jean-Michel Frank mit Einlegearbeiten in Stroh, die mit den strohgelben Vorhängen von Roberto Bergero korrespondiert. Frank war es auch, der die Wand mit Blattgold überzog. Die Wand zieren ein geflochtenes afrikanisches Schild und Masken von Grace Jones, alles Arbeiten von Jean-Paul Goude. Die Büsten schuf Bjørns Vater.*

***Above and far right:** view of the crimson dining room, with table and chairs by Royère and a clutter of dolls, photographs and other images of black culture. The trunk in the corner is vintage Louis Vuitton.*

***Ci-dessus et page de droite:** la salle à manger, couleur carmin, avec une table et des chaises de Royère ainsi que des poupées, des photographies et autres images de la culture noire. La malle ancienne est de Louis Vuitton.*

***Oben und rechte Seite:** eine Ansicht des karmesinroten Eßzimmers mit Tisch und Stühlen von Royère und einer Vielzahl unterschiedlichster Puppen, Fotografien und Bildern. Die Truhe in der Ecke ist ein besonders schönes Stück von Louis Vuitton.*

Michael Jackson
Antonio's Girls

This loft-like space in the 12th arrondissement was formerly a furniture workshop and is the very private domain of a well-known Parisian antique dealer who, for reasons of his own, prefers to remain anonymous. The large space is packed with extraordinary objects, including a collection of sculptures which, like most of his treasures, were bought on impulse. For this extremely sophisticated professional, the antiques he buys for himself are always a case of love at first sight.

Un antiquaire

Ce loft du XIIe arrondissement, domaine privé d'un célèbre antiquaire parisien qui préfère, pour des raisons personnelles, rester anonyme, était auparavant un atelier d'ébéniste. Le vaste espace est bourré d'objets extraordinaires dont une collection de sculptures qui, comme la plupart de ses trésors, ont été achetées impulsivement. Ce professionnel d'un rare raffinement ne s'offre que les objets anciens pour lesquels il a éprouvé un vrai coup de cœur.

Diese an ein Loft erinnernde Wohnung im 12. Arrondissement war früher eine Möbelwerkstatt. Heute ist sie das ganz private Reich eines bekannten Pariser Antiquitätenhändlers, der es vorzieht, ungenannt zu bleiben. Die geräumige Wohnung ist vollgestopft mit ungewöhnlichen Gegenständen, darunter eine Sammlung von Skulpturen, die er wie die meisten seiner Schätze aus einem momentanen Impuls heraus gekauft hat. Wenn dieser Profi Antiquitäten für sich selbst erwirbt, dann ist es stets eine Sache von Liebe auf den ersten Blick.

Page 54: *detail of the 1930's desk and chair lit by a Tiffany lamp, with a neo-gothic library ladder in the background.*
Above: *general view of the space, with the accumulation of 16 years of very selective flea-market finds. The arrangement does not lack symmetry, despite the general clutter.*
Right: *the table set for dinner, with a painting (c. 1910) inscribed "Souvenir d'un soir" in the background.*

Page 54: *détail du bureau et du siège 1930 éclairés par une lampe Tiffany; à l'arrière-plan, une échelle de bibliothèque néo-gothique.*
Ci-dessus: *vue d'ensemble de l'appartement où se sont accumulés des objets soigneusement choisis chez les brocanteurs et aux Puces pendant seize ans. La composition générale, malgré le fouillis apparent, ne manque pas de symétrie.*
A droite: *la table mise pour le dîner avec, au mur, un tableau de 1910 intitulé «Souvenir d'un soir».*

Seite 54: *Im Licht einer Tiffany-Lampe erkennt man den Schreibtisch samt Stuhl aus den dreißiger Jahren und im Hintergrund eine neogotische Bibliothekstreppe.*
Oben: *eine Gesamtansicht der Wohnung mit einem Sammelsurium von sorgsam ausgewählten Flohmarkt-Fundstücken aus sechzehn Jahren. Obwohl es so voll ist, ist eine gewisse Symmetrie in der Anordnung erkennbar.*
Rechts: *der gedeckte Eßtisch; im Hintergrund ein Gemälde von etwa 1910 mit dem Titel »Souvenir d'un soir«.*

View of the kitchen, fitted with metal panels originally destined to be used as flooring on trains. The chairs are aluminium prototypes of café chairs from the 50s; the table is 50s and the 60s chandelier was found in the flea market in Tangiers.

Vue de la cuisine faite sur mesure avec des plaques métalliques destinées à l'origine, à faire des planchers de wagons. Les chaises sont des prototypes en aluminium de chaises de café des années 50. La table date de la même époque et le lustre des années 60 a été trouvé dans un souk de Tanger.

Die maßgefertige Küche mit Wandverkleidungen aus Metallplatten, die normalerweise als Fußbodenplatten für Eisenbahnwaggons Verwendung finden. Bei den Stühlen – die ebenso wie der Tisch aus den fünfziger Jahren stammen – handelt es sich um Aluminium-Prototypen von Kaffeehausstühlen. Die Deckenleuchte aus den sechziger Jahren hat Beaufre auf dem Flohmarkt in Tanger erworben.

Roland Beaufre lives for part of the year in Tangiers, and his Paris apartment on the very top floor of a gracious building, dating from the year 1900, has a certain oriental feel to it. The lively 10th arrondissement, where he lives, is a melting-pot for a myriad different cultures. North Africans, Indians, Africans and Eastern Europeans make up a large part of the population. Roland enjoys the cosmopolitan atmosphere and feels the 10th is a true Parisian "quartier", where the shops are always open and the bourgeoisie live side by side with the workers and the emigrés. He moved there ten years ago, when he fell in love with his luminous apartment, the area and, most of all, the name of the street: Rue de Paradis. The first thing he did was to paper the whole apartment in wallpaper handmade by Mauny, a firm that still uses the techniques applied in the 1850s, such as hand-stencilling.

Roland Beaufre

Roland Beaufre vit une partie de l'année à Tanger et son appartement parisien, au dernier étage d'un charmant immeuble 1900, est doté d'une certaine touche orientaliste. Le Xe arrondissement est le centre d'un brassage culturel. Nord-Africains, Indiens, Africains, Européens de l'Est forment une grande partie de la population. Roland adore cette atmosphère cosmopolite et considère son quartier comme authentiquement parisien: les boutiques sont toujours ouvertes et les bourgeois côtoient les ouvriers et les immigrés. Il s'y est installé il y a une dizaine d'années et a immédiatement aimé son lumineux appartement, et le nom de l'endroit l'a fait rêver: rue de Paradis. La première chose qu'il a faite fut de tapisser tous les murs d'un papier peint fait à la main par une maison artisanale, Mauny, qui utilise toujours des techniques des années 1850, telle la décoration au pochoir.

Roland Beaufre verbringt einen Teil des Jahres in Tanger, und auch seine Pariser Wohnung im obersten Stockwerk eines eleganten Gebäudes aus dem Jahre 1900 strahlt ein orientalisches Flair aus. Das geschäftige 10. Arrondissement, in dem er lebt, ist Schmelztiegel verschiedenster Kulturen. Nordafrikaner, Inder, Schwarzafrikaner und Osteuropäer machen einen Großteil seiner Bewohner aus. Roland liebt diese kosmopolitische Atmosphäre, und für ihn ist das 10. Arrondissement ein echt pariserisches Viertel, in dem die Läden durchgehend geöffnet sind und das Bürgertum Seite an Seite mit Arbeitern und Einwanderern lebt. Er selbst ist vor zehn Jahren dorthin gezogen, nachdem er sich nicht allein in diese helle Wohnung und die Gegend verliebte, sondern vor allem auch in den Straßennamen: Rue de Paradis. Als erstes tapezierte er die gesamte Wohnung mit handgefertigten Tapeten von Mauny – einem kunsthandwerklichen Betrieb, der noch heute Techniken aus der Mitte des 19. Jahrhunderts beherrscht und anwendet –, und so ist das Tapetenmuster mittels Schablonen von Hand aufgebracht worden.

View of the salon, with an assemblage made by Beaufre of two of his favourite Mauny wallpapers that evoke a Roman interior. The table is a one-off, with the table top by André Dubreuil and the legs by Tom Dixon. The blue lamp is by Patrick Naggar, in an edition by Ecart. On the table are various ethnic pieces and design objects by friends. The sloping roofs and syklight give the room a bohemian character of its own. The chair is by Tom Dixon, an epitome of creative salvage: it is constructed from a frying pan, the handlebars of a bicycle, and four soup ladles. The drum is in goat skin and was brought back from Djibouti.

Le salon, avec un assemblage conçu par Beaufre de deux de ses papiers muraux préférés de chez Mauny qui rappellent une demeure de patriciens romains. La table est une pièce unique, avec un plateau d'André Dubreuil et des pieds de Tom Dixon. La lampe bleue, de Patrick Naggar, est éditée par Ecart. Sur la table, divers objets exotiques ou réalisés par des amis. Le toit en pente et la baie vitrée donnent à la pièce un charme bohème. La chaise est de Tom Dixon. Elle est faite d'une poêle à frire, des poignées d'un guidon de bicyclette et de quatre louches à potage. Le tambour, en peau de chèvre, a été rapporté de Djibouti.

Ein Blick in den nach Beaufres Vorstellungen gestalteten Salon: die Kombination zweier seiner Lieblingstapeten von Mauny läßt den Eindruck eines römischen Interieurs entstehen. Bei dem Tisch mit einer Platte von André Dubreuil und Beinen von Tom Dixon handelt es sich um ein Unikat. Die blaue Lampe von Patrick Naggar hat die Firma Ecart neu aufgelegt. Auf dem Tisch sieht man allerlei Volkskunst und Designobjekte von Freunden. Die schrägen Wände und die Fensterfront verleihen dem Zimmer einen Hauch von Bohème. Der Stuhl ist eine Arbeit von Tom Dixon und kann als ein Paradebeispiel für den kreativen Umgang mit Fundstücken gelten: Er besteht aus einer Bratpfanne, einer Fahrradlenkstange und vier Suppenkellen. Die Trommel aus Ziegenleder ist ein Mitbringsel aus Dschibuti.

Above and following pages: *the bedroom, with a pell-mell of good luck tokens from all over the world. Roland wanted it to evoke a Moroccan brothel, with a 19th century wall-hanging and modern embroidered sheets, both brought back from Tangiers. The curtains are made from a 19th century North African silk and a morsel of garish fabric sewn together. On the right, the famous "Spine" chair by André Dubreuil used as a bedside table, on the left a table in sheet metal by Christopher Pearson with a papier mâché candlestick by Guillaume Sennelier. The detail shows a pink electric fan discovered in the fleu market in Tangiers and prized for its extraordinary kitsch value.*

Ci-dessus et pages suivantes: *la chambre à coucher avec une collection d'amulettes et de porte-bonheur venus du monde entier. Roland a voulu suggérer l'atmosphère d'un bordel marocain avec la tenture murale du 19e siècle et les draps brodés modernes achetés à Tanger. Les rideaux sont faits avec deux morceaux de une soie nord-africaine du 19e siècle bordés de soie modernes. A droite la fameuse chaise «Spine» d'André Dubreuil utilisée en table de chevet; à gauche, une table en feuille métallique de Christopher Pearson supportant un bougeoir en papier mâché de Guillaume Sennelier. Le détail montre un ventilateur en plastique rose trouvé dans un marché aux puces de Tanger et que Roland adore pour son kitsch absolu.*

Oben und folgende Seiten: *das Schlafzimmer Rolands, dessen Wände ein Sammelsurium an Glücksbringern aus aller Welt schmückt. Mit den Wandbehängen und der modern bestickten Bettwäsche aus Tanger wollte er die Atmosphäre eines marokkanischen Bordells schaffen. Auf die Vorhänge aus nordafrikanischer Seide aus dem 19. Jahrhundert ist ein Flicken grellbunten Stoffs aufgenäht. Der berühmte »Spine«-Stuhl von André Dubreuil (rechts) dient als Nachttisch; links ein Blechtisch von Christopher Pearson mit einem Kerzenständer aus Pappmaché von Guillaume Sennelier. Die Detailaufnahme zeigt einen rosa Plastikventilator, den Beaufre auf dem Flohmarkt von Tanger entdeckt hat und den er besonders liebt, weil er so kitschig ist.*

4.2.1952
PERU

CHOCOLAT

Any description of fashion designer Eric Bergère's tall and tiny house in the 20th arrondissement risks sounding like a fairy-tale. You creep in through a little door, admire the pint-sized canary-yellow kitchen and its view onto a wild little garden the size of a pocket handkerchief. Then, delighted, you discover the gentleman's bathroom and study on the first floor; and if like Goldilocks you dare, you can climb up to the bedroom under the eaves. Last of all, the gothic charms of the dungeon dining room, candle-lit and cosy, will seduce you into forgetting quite where you are...

Eric Bergère

Comment décrire la maison du styliste Eric Bergère sans avoir l'air de raconter un conte de fées? Imaginez un bâtiment haut et étroit, quelque part dans le XXe arrondissement. Vous entrez par une petite porte. Vous admirez la cuisine lilliputienne, d'un jaune résolument canari, qui donne sur un jardin sauvage grand comme un mouchoir de poche. Au premier étage, vous découvrez avec ravissement la salle de bains et le bureau du maître des lieux. Encore un étage, et vous êtes dans la chambre à coucher, sous le toit. Il ne vous reste plus qu'à descendre dans la salle à manger souterraine éclairée de chandelles pour oublier totalement le monde extérieur...

Versucht man das hohe, winzige Haus zu beschreiben, das der Modedesigner Eric Bergère im 20. Arrondissement bewohnt, wird es sich anhören wie aus einem Märchen. Gebückt tritt man durch die kleine Tür und bewundert die klitzekleine kanariengelbe Küche mit Blick auf einen sehr schmalen verwilderten Garten. Danach entdeckt man begeistert das Badezimmer des Hausherrn und sein Arbeitszimmer im ersten Stock. Und wenn man, wie Schneewittchen im Haus der Zwerge, auch noch den Mut aufbringt, kann man zum Schlafzimmer unter den Dachbalken hinaufklettern. Als Krönung des mittelalterlichen Zaubers kommt dann noch das Eßzimmer im Verlies, in dem man bei anheimelndem Kerzenlicht vollkommen vergißt, wo man sich befindet...

Previous pages: *view of the kitchen, and the garden "which looks after itself".*
Above: *view of the library packed with books, from which the gaudy dust-covers have been removed to give a richer palette of their spines on the shelves. The mood is colonial, evoking Pierre Loti, with an abundance of orientalist paintings and precious exotica such as the intricate macramé at the window.*

Pages précédentes: *vue de la cuisine et du jardin qui, selon Eric Bergère, «pousse tout seul».*
Ci-dessus: *vue de la bibliothèque. Les jaquettes criardes des livres ont été ôtées pour mettre en valeur la palette colorée que forment les volumes sur les rayonnages. L'ambiance de la pièce évoque les contrées chères à Pierre Loti: on remarque notamment les tableaux orientalistes et des détails précieux et exotiques comme le séduisant macramé qui orne la fenêtre.*

Vorhergehende Seiten: *eine Ansicht der Küche und des Gartens, »der selbst für sich sorgt«.*
Oben: *ein Blick in die mit Büchern vollgestopfte Bibliothek; die bunten Schutzumschläge sind abgenommen, so daß das Farbspektrum der Buchrücken besser zur Geltung kommen kann. Der Raum hat etwas Koloniales – man denkt an Pierre Loti – mit der Vielfalt an Bildern der orientalischen Schule und wertvollen Exotika wie etwa dem kunstvollen Makramee am Fenster.*

The salon, with a distinctly Byzantine air looks out onto the garden and is rich in mediaeval references, religious imagery and souvenirs, such as the paintings and silver frames brought back from extensive travels in Peru.

Le salon, à l'atmosphère très byzantine, donne sur le jardinet. Les références médiévales y font bon ménage avec les images pieuses et les tableaux dans leur cadre d'argent, souvenirs rapportés des longs périples du maître des lieux au Pérou.

Der Salon hat etwas ausgesprochen Byzantinisches mit seinem Fenster auf den Garten hinaus. Er ist voller Referenzen an das Mittelalter, religiöser Bilder und »souvenirs de voyage«, den Bildern und silbernen Rahmen zum Beispiel, die von ausgedehnten Reisen durch Peru stammen.

Above: *The basement dining room, once nothing but a damp cellar, is now a richly evocative space, where Eric Bergère has allowed his rampant mediaevalism full rein.*
Right: *the remarkable bathroom, panelled with wood.*

Ci-dessus: *le sous-sol, qui n'était naguère qu' une cave humide, est devenu une superbe salle à manger où Eric Bergère a pu exprimer pleinement son amour pour le Moyen-Age.*
A droite: *la très belle salle de bains lambrissée de bois.*

Oben: *Das unterirdische Eßzimmer, früher nichts als ein muffiger Keller, präsentiert sich heute als stimmungsvoller Raum, in dem Eric Bergère seiner Vorliebe für alles Mittelalterliche freien Lauf gelassen hat.*
Rechts: *das sehenswerte holzgetäfelte Bad.*

The decorator and painter Roberto Bergero lives near Place Pigalle, on one of Paris' busiest boulevards, where Africans, Arabs and other immigrants loudly ply their wares in the street. It is a vibrant, colourful, lively souk where the cityscape changes day and night but is never still. The oriental foods, the ethnic fabrics, the multi-racial swarms on the pavements evoke a more southern attitude to life, and Roberto, who is Argentinian, is constantly inspired by the energy that floats into his first-floor apartment from the street. With the quaint stained-glass panes shut, however, all is calm and the influence of Roberto's world of fantasy and imagination makes itself felt. His paint effects and his accumulation of extravagant bric-à-brac create a unique atmosphere; something indefinable that is part Pigalle and part fairy-tale.

Roberto Bergero

Le peintre et décorateur Roberto Bergero habite près de la place Pigalle sur l'un des boulevards les plus animés de Paris où Africains, Arabes et autres immigrés proposent leurs marchandises aux passants dans la plus grande gaieté. C'est, en quelque sorte, un souk coloré, vibrant, où le paysage de la rue change le soir venu mais ne connaît jamais le repos. Aliments orientaux, tissus ethniques, fourmillement multiracial évoquent le Sud et Roberto, qui est Argentin, se nourrit de cette énergie qui monte de la rue jusqu'à son premier étage. Lorsque les extravagantes fenêtres à vitraux sont fermées, tout redevient calme et le monde fantaisiste de Roberto s'impose alors. Ses effets de peinture sur les murs et l'accumulation d'un extravagant bric-à-brac créent une atmosphère unique, indéfinissable qui tient autant de Pigalle que du conte de fées.

Der Innenarchitekt und Maler Roberto Bergero wohnt in der Nähe der Place Pigalle, an einem der belebtesten Boulevards in Paris, wo Afrikaner, Araber und andere ausländische Zuwanderer lauthals ihre Waren auf der Straße feilbieten. Auf diesem lebensprühenden, farbenfrohen Suk wandelt sich das Stadtbild Tag und Nacht und kommt niemals zum Stillstand. Orientalische Lebensmittel, exotische Stoffe und das Völkergemisch auf den Bürgersteigen verleihen der Gegend ein südländisches Flair. Der gebürtige Argentinier Bergero meint, daß ihn das geschäftige, lebensfrohe Treiben, das von der Straße her in seine Wohnung im ersten Stock dringt, immerfort beflügelt. Sind jedoch die seltsamen bunten Glasfenster erst einmal geschlossen, so ist alles ruhig, und der Einfluß von Robertos Traum- und Phantasiewelt wird spürbar: die von ihm geschaffenen Farbeffekte und extravagante Gegenstände erzeugen eine einzigartige Spannung, eine nur schwer in Worte zu fassende Mischung aus Pigalle und Tausendundeiner Nacht.

Page 70: *the forest green entrance hall that doubles as an occasional dining room.*
Above: *view of the salon, with a frieze of trompe-l'œil mosaic by Roberto, inspired by a trip to Venice, in the foreground. The late 17th century mirror is also Venetian.*

Page 70: *l'entrée vert émeraude qui sert occasionnellement de salle à manger.*
Ci-dessus: *le salon avec, au premier plan, une frise de mosaïque en trompe-l'œil de Roberto, inspirée par un voyage à Venise. Le miroir, de la fin du 17e siècle, est aussi vénitien.*

Seite 70: *Die in dunklem Blattgrün gehaltene Eingangshalle dient gelegentlich auch als Eßzimmer.*
Oben: *Blick in den Salon mit einem Trompe-l'œil-Mosaikband im Vordergrund – die Anregung erhielt Roberto auf einer Venedigreise. Der Spiegel aus dem späten 17. Jahrhundert ist ebenfalls venezianisch.*

Right: *the bedroom is painted a deep shade of raspberry using the stucco antico technique. The headboard is a composition of several wooden trays from a typesetter's. The rising sun in gold leaf is by Bergero. The antique linen is Swedish, picked up at the flea market in Stockholm.*
Below: *another view of the salon with its decorated panelling and a Directoire bed which is upholstered in coloured velvet and red cashmere for the winter and cream toile for the summer.*

A droite: *la chambre à coucher peinte d'un rose framboise soutenu qui rappelle la technique du stucco antico. La tête de lit est une composition faite à partir des plaques de bois d'imprimeurs. Le motif de soleil en feuilles d'or est aussi de Bergero. Le linge ancien suédois a été acheté sur un marché aux puces de Stockholm.*
Ci-dessous: *autre vue du salon avec ses lambris décoratifs et un lit Directoire couvert, l'hiver, de velours et de cachemire rouge, l'été, d'une toile crème.*

Rechts: *Das Schlafzimmer ist in einem dunklen Himbeerrot gehalten und in Stucco-antico-Technik ausgeführt. Das Kopfende des Bettes wurde aus mehreren hölzernen Setzkästen zusammengestellt. Die vergoldete aufgehende Sonne hat Bergero selbst entworfen und angefertigt. Die alte schwedische Bettwäsche entdeckte er auf dem Flohmarkt in Stockholm.*
Unten: *nochmals der Salon mit seiner bemalten Wandvertäfelung und einem Liegesofa. Im Winter ist es mit farbigem Samt und rotem Kaschmir bezogen, im Sommer mit cremefarbenem Toile.*

Jean-Claude Binoche is one of Paris' foremost auctioneers, well-known for his love of contemporary design, in a profession where such interest in things modern is something of a rarity. He is, of course, eminently well placed to pick up all kinds of interesting pieces, and the three-storey apartment in the Place des Vosges where he has been living for the past twenty years bears witness to a discerning passion for collecting. His is not a cluttered space; there is just an extraordinary combination of interesting architectural volumes and unusual objects from all periods – the latter subject to change depending on what happens to interest Binoche from one moment to the next. Taste evolves: Binoche has lived surrounded by Art Deco, then Louis XIII, then post-war design by Eugène Printz and Jean Dunand, so the apartment's present incarnation is unlikely to be its last!

Jean-Claude Binoche

Jean-Claude Binoche est l'un des plus grands commissaires-priseurs parisiens, bien connu pour son amour du design contemporain. Certes, il est bien placé pour trouver toutes sortes de pièces intéressantes et son appartement de trois étages, place des Vosges, où il habite depuis une vingtaine d'années, constitue un cadre à la hauteur de sa passion de collectionneur plein de discernement. Loin d'être encombré, cet espace aux superbes volumes architecturaux abrite des objets insolites de toutes périodes qui varient selon les intérêts du maître des lieux. Ses goûts évoluent: Binoche a vécu dans un décor Art Déco, puis Louis XIII, enfin parmi des objets d'après-guerre avec des œuvres d'Eugène Printz et de Jean Dunand, mais il est à parier que cette phase ne sera pas la dernière!

Jean-Claude Binoche gilt als einer der führenden Auktionatoren von Paris. Seine Vorliebe für modernes Design ist allseits bekannt, denn in seinem Metier besitzt das Faible für die Moderne geradezu Seltenheitswert. Seine Tätigkeit erleichtert es ihm natürlich sehr, alle möglichen interessanten Stücke aufzuspüren, und das dreistöckige Appartement an der Place des Vosges, das er seit zwanzig Jahren bewohnt, zeugt von der Leidenschaft eines kenntnisreichen Sammlers. Seine Wohnung ist nicht überladen; sie zeichnet sich vielmehr durch eine außerordentliche Kombination von architektonisch interessanten Räumen und ungewöhnlichen Objekten aus allen Epochen aus – die letzteren wechseln selbstverständlich, je nachdem, was zu einem bestimmten Zeitpunkt gerade sein Interesse erregt. Geschmack ist für Binoche keine statische Angelegenheit: Er bevorzugte ursprünglich Art Déco, entwickelte dann eine Vorliebe für Louis XIII., wandte sich danach dem Nachkriegsstil von Eugène Printz und Jean Dunand zu, und die derzeitige Ausgestaltung der Wohnung ist höchstwahrscheinlich nicht die letzte!

Page 74 and above: *the dining room, designed entirely by Pucci de Rossi with its metallic ceiling, copper table and chairs decorated with dinosaurs. The brief from Binoche to de Rossi was to create a dining room that could have belonged in Captain Nemo's submarine and to respect the colours of Andy Warhol's portrait of Goethe which dominates the room.*

Page 74 et ci-dessus: *la salle à manger entièrement conçue par Pucci de Rossi avec son plafond métallique, sa table en cuivre et ses chaises ornées de dinosaures. Maître Binoche avait demandé à de Rossi de lui créer une pièce digne du sous-marin du capitaine Nemo et de respecter les couleurs du portrait de Goethe par Andy Warhol qui est le point focal de la pièce.*

Seite 74 und oben: *Blick in das ganz von Pucci de Rossi gestaltete Eßzimmer mit seiner Metalldecke, einem Kupfertisch und Stühlen mit Dinosaurierdekor. Binoches Anweisungen an Rossi lauteten, er möge ein Eßzimmer entwerfen, wie es in Kapitän Nemos Unterseeboot gepaßt hätte. Außerdem sollte er sich an den Farben von Andy Warhols Goetheporträt orientieren, das den gesamten Raum beherrscht.*

Left and below: *the stone and plaster head by the sculptor Prinner dates from 1936. The painting on the below right is by Mimmo Paladino, and the sculpture at the top of the stairs is by Jean Tinguely.*
Following pages: *two views of the living room from the metal walkway which snakes its way around the 7-metre-high triplex and leads to Binoche's bedroom. The two armchairs are by Carlo Bugatti and the painting above the fireplace is by Pierre Malaval.*

A gauche et ci-dessous: *cette tête en pierre et en plâtre est du sculpteur Prinner, 1936. Le tableau, ci-dessous à droite, est signé Mimmo Paladino et la sculpture en haut de l'escalier, Jean Tinguely.*
Pages suivantes: *deux vues du salon depuis la galerie métallique qui serpente autour du triplex haut de sept mètres et conduit à la chambre à coucher. Les deux fauteuils sont de Carlo Bugatti et le tableau, au-dessus de la cheminée, de Pierre Malaval.*

Links und unten: *Der Stein- und Gipskopf des Bildhauers Prinner entstand im Jahr 1936. Das Gemälde unten rechts stammt von Mimmo Paladino, die Skulptur am oberen Ende der Treppe ist ein Werk Jean Tinguelys.*
Folgende Seiten: *zwei Ansichten des Wohnraums, von der Metalltreppe aus betrachtet. Diese Treppe windet sich durch das sieben Meter hohe, dreistöckige Appartement und führt schließlich zu Binoches Schlafzimmer hinauf. Die beiden Sessel hat Carlo Bugatti entworfen, und das Bild über dem Kamin schuf Pierre Malaval.*

BAJ

A view of the bathroom over the shoulder of a Prinner sculpture. The colourful American chair is from the 70s, the carpet by Elisabeth Jackson from the same period. The picture is by Raymond Hains and the ethnic carving is Aboriginal.

La salle de bains vue par-dessus l'épaule d'une sculpture de Prinner. La chaise américaine très colorée date des années 70 tout comme le tapis d'Elisabeth Jackson. On peut admirer une œuvre de Raymond Hains et une sculpture aborigène.

Über die Schulter einer Skulptur von Prinner blickt der Betrachter in das Badezimmer. Der farbenfrohe amerikanische Stuhl ist ein Entwurf aus den siebziger Jahren, ebenso wie der Teppich von Elisabeth Jackson. Das Bild stammt von Raymond Hains, und die Holzschnitzerei ist eine Arbeit der Aborigines.

Right: *detail of a Regency chair in gilt and velvet and a remarkable baboon stove by the contemporary sculptor François-Xavier Lalanne.*
Below: *view of Binoche's bedroom under the eaves with a carpet by Gribaudo and chairs created in 1965 by Olivier Mourgue.*

A droite: *fauteuil Régence en bois doré tapissé de velours à côté d'un remarquable babouin moulé par le sculpteur contemporain François-Xavier Lalanne.*
Ci-dessous: *la chambre à coucher de maître Binoche située sous les combles, avec un tapis de Gribaudo et des sièges créés en 1965 par Olivier Mourgue.*

Rechts: *Detailaufnahme eines vergoldeten Regencysessels mit Samtpolsterung, daneben ein bemerkenswerter Ofen in Pavianform des zeitgenössischen Bildhauers François-Xavier Lalanne.*
Unten: *Binoches Schlafzimmer im Dachgeschoß mit einem Teppich von Gribaudo und Sesseln von Olivier Mourgue aus dem Jahr 1965.*

Above: *the office, entirely panelled in pale oak, with concealed cupboards and a desk made to Binoche's specifications. The chair is 18th century Portuguese.*
Right: *detail of the minimalist kitchen, also in pale wood.*

Ci-dessus: *bureau, entièrement boisé de chêne clair avec des rangements invisibles et un bureau fait spécialement selon les exigences de maître Binoche. La chaise portugaise est du 18e siècle.*
Ci contre: *une vue de la cuisine minimaliste en bois clair.*

Oben: *das ganz in heller Eiche getäfelte Arbeitszimmer mit kunstvoll versteckten Wandschränken und einem Schreibtisch, der eigens nach Binoches Vorstellungen angefertigt wurde. Bei dem Stuhl handelt es sich um ein portugiesisches Stück aus dem 18. Jahrhundert.*
Rechts: *die ebenfalls in hellem Holz gehaltene minimalistische Küche.*

A view of the breakfast room, with 19th century chairs that Binoche has taken apart and re-interpreted in a very amusing way: the rear legs point outwards, making a familiar object somehow disturbing. The sculpture against the wall is by Julian Opie.

Vue de la pièce réservée au petit-déjeuner. On remarquera les chaises du 19e siècle que Binoche a démontées et réinterprétées avec beaucoup d'humour: les pieds tournés vers le derrière en dehors leur apportent une note fantaisiste insolite. Contre le mur, une sculpture de Julian Opie.

Ein Blick in das Frühstückszimmer mit Stühlen aus dem 19. Jahrhundert, die Binoche auseinandergenommen und auf sehr amüsante Weise neu zusammengebaut hat: Die hinteren Stuhlbeine zeigen nach außen und verfremden so das eigentlich vertraute Objekt. Die Skulptur an der Wand stammt von Julian Opie.

This apartment, an expression of modern minimalism, was designed by Japanese architect Masakazu Bokura for a fashion designer. He decided to create a huge living room, where the constantly changing Parisian light would be the main element, pouring in through huge picture windows that frame the magnificent views of the city's rooftops and monuments as if they were paintings. The apartment is on the top floor of an otherwise unexceptional 1950s' building in the 8th arrondissement and has been completely redesigned. It is right on the river: a wonderful location which can be enjoyed from its five terraces. One of these is on the rooftop and is reached by an outside metal staircase which inspired Bokura to use rusted metal in his designs for the interior.

Masakazu Bokura

Cet appartement, reflet d'un minimalisme moderne, a été conçu par l'architecte japonais Masakazu Bokura pour un créateur de mode. Il a pris le parti de faire un immense living où la lumière changeante de Paris se déverse par les grandes baies dont les montants cadrent, comme un tableau, une vue exceptionnelle sur les toits et les monuments de la ville. L'appartement, situé au dernier étage d'un immeuble 50 assez quelconque du VIIIe arrondissement, a été complètement transformé. Il donne sur la Seine et l'on peut jouir de ce merveilleux emplacement à partir de ses cinq terrasses. L'escalier métallique extérieur, a donné à Bokura l'idée d'utiliser le métal rouillé dans sa décoration intérieure.

Diese Wohnung, ein Inbegriff des modernen Minimalismus, hat der japanische Architekt Masakazu Bokura für einen Modedesigner gestaltet. Er wollte einen riesigen Wohnraum schaffen, in dessen Mittelpunkt das ständig wechselnde Licht von Paris stehen sollte. Es strömt durch die großen Glasflächen der Fenster, die wie gerahmte Gemälde atemberaubende Ausblicke über die Dächer und Baudenkmäler der Stadt erlauben. Die von Bokura vollständig umgebaute Wohnung liegt im 8. Arrondissement, im obersten Stockwerk eines ansonsten wenig bemerkenswerten Gebäudes aus den fünfziger Jahren. Das Haus steht direkt an der Seine: eine wunderbare Lage, deren Vorzüge man von den fünf Terrassen der Wohnung aus genießen kann. Eine dieser Terrassen befindet sich auf dem Dach; man erreicht sie über eine metallene Außentreppe, die Bokura dazu angeregt hat, auch für die Inneneinrichtung verrostetes Metall zu verwenden.

The view of the Seine and the Left Bank. The floor is of stripped oak boards and the walls are painted in textured Italian stucco antico, which reflects the light.

Vue sur la Seine et la rive gauche. Le parquet est fait de planches de chêne nu; les murs texturés sont peints selon la technique du stucco antico et réfléchissent la lumière.

Panoramablick auf die Seine und das linke Ufer. Der Fußboden besteht aus Eichendielen; die Wände sind in strukturierter italienischer Stucco-antico-Technik ausgeführt und reflektieren das Licht.

View of the salon, with various light weight multi-purpose pieces of furniture in oak of Bokura's design against the far wall. They can be used as low tables for eating, Japanese style, while sitting on the floor, or they can be used as stools. The lamps throughout the apartment are by the Japanese sculptor and designer Isamu Noguchi.

Le salon où s'alignent, contre le mur du fond, divers meubles multi-fonctions en chêne créés par Bokura. Ils peuvent, par exemple, servir de tables basses pour des repas à la japonaise – les convives s'asseyant par terre – ou encore de tabourets. Les lampes sont du designer et sculpteur japonais Isamu Noguchi.

Ein Blick in den Wohnraum: An der rückwärtigen Wand stehen diverse leichte und vielseitig verwendbare Möbelstücke aus Eichenholz, die Bokura selbst entworfen hat. Sie können als niedrige Tische für ein Essen im japanischen Stil dienen, bei dem man auf dem Boden sitzt, oder sie sind als Hocker zu verwenden. Die Lampen der gesamten Wohnung stammen von dem japanischen Designer und Bildhauer Isamu Noguchi.

The unusally designed fireplace in rusted steel, with a beam in the same material in the foreground. In this bare space, the chimney-place becomes the timeless focal point of the room as well as a source of heat and light.

La cheminée au design original en acier rouillé; au premier plan, une poutre dans le même matériau. Dans ce vaste espace nu, la cheminée prend tout son sens, authentique source de chaleur et de lumière.

Der ungewöhnliche Kamin aus rostigem Stahl mit einem Tragebalken aus dem gleichen Material: In dieser spärlich möblierten Wohnung wird der Kamin als Quelle von Wärme und Licht zum scheinbar zeitlosen Mittelpunkt des Raumes.

Above: *view of the corridor leading from the bathroom through the dressing room.*
Below right: *the bedroom, also very "zen", with a simple plywood bed. The futon is covered with handmade Egyptian cotton.*
Far right: *view of the granite bathroom and the remarkable bath, made of 19 mm thick glass, partially sand-blasted.*

Ci-dessus: *le couloir qui, depuis la salle de bains, traverse le dressing.*
Ci-contre: *la chambre à coucher, également très zen, avec son simple lit en contre-plaqué. Le futon est couvert d'un coton égyptien artisanal.*
Page de droite: *vue de la salle de bains en granite et de l'extraordinaire baignoire, faite d'un verre épais de 19 mm, partiellement sablé.*

Oben: *Blick in den Flur, der Badezimmer und Ankleideraum verbindet.*
Rechts: *das Schlafzimmer mit seinem ausgesprochen schlichten Sperrholzbett ist ganz im Geiste des Zen-Buddhismus eingerichtet. Der Bezug des Futon besteht aus handgewebter ägyptischer Baumwolle.*
Rechte Seite: *das Badezimmer. Der Raum selbst ist vollständig mit Granit ausgekleidet, nur die ungewöhnlich geformte Badewanne besteht aus 19 mm dickem, teilweise gesandstrahltem Glas.*

Upon returning to her native Paris from New York, where she had been working at the Costume Institute of the Metropolitan Museum, Katell le Bourhis felt that what she wanted most of all was to live in a "classique appartement Parisien" with square rooms leading out of one another, plaster mouldings, marble fireplaces and herringbone parquet floors that creak when you walk. She found exactly what she was looking for in the 7th arrondissement – a small first-floor apartment near her two favourite places, the Rue du Bac and the Gallimard bookshop on Boulevard Raspail. Her job as curator of the Louvre's new Musée des Arts de la Mode hasn't left her much time for decorating, but she has transformed her Parisian "pied-à-terre" into a personal exercise in style. Her bedroom is the intense pillarbox red that her mentor Diana Vreeland adored and her reception rooms are a deep chartreuse.

Katell le Bourhis

Quand, après avoir travaillé à l'Institut du Costume du Metropolitan Museum de New York, Katell est revenue à Paris, son plus grand désir était de vivre dans un appartement typique avec de belles pièces carrées en enfilade, des moulures et des stucs, des cheminées en marbre et des parquets à chevrons qui craquent sous les pieds. C'est exactement ce qu'elle a trouvé au premier étage d'un immeuble du VIIe arrondissement situé à deux pas de ses lieux favoris: la rue du Bac et la librairie Gallimard, sur le boulevard Raspail. Son travail de conservatrice du nouveau musée des Arts de la Mode au Louvre lui a laissé peu de temps libre à consacrer à la décoration de son pied à terre parisien, mais elle l'a transformé de fond en comble, en un exercice de style très personnel. Sa chambre à coucher est exactement le coffret rouge intense que prônait son mentor, Diana Vreeland, alors que les pièces de réception sont d'une profonde nuance chartreuse.

Nachdem Katell le Bourhis aus New York, wo sie am Costume Institute of the Metropolitan Museum gearbeitet hatte, in ihre Heimatstadt Paris zurückgekehrt war, hatte sie den Wunsch, in einem »classique appartement Parisien« zu wohnen, mit großen quadratischen Durchgangszimmern, Stuckverzierungen, Marmorkaminen und knarrenden Parkettböden im Fischgrätmuster. Im Pariser 7. Arrondissement fand sie genau, was sie suchte: eine kleine Wohnung im Parterre, nicht weit entfernt von ihren beiden Lieblingsorten, der Rue du Bac und der Gallimard-Buchhandlung auf dem Boulevard Raspail. Ihre Arbeit als Direktorin im neuen Musée des Arts de la Mode des Louvre nimmt sie so in Anspruch, daß sie nicht viel Zeit für die Renovierung hatte, doch sie hat ihr Pariser »pied-à-terre« in ein eigenes Experimentierfeld verwandelt. Das Schlafzimmer ist in dem knalligen Rot gehalten, das ihre Mentorin Diana Vreeland so liebte; und ihre Salons erstrahlen in einem leuchtenden Gelbgrün.

Page 90: *a homemade Japanese paper lampshade on a 1930s Giacometti plaster lamp.*
Above: *view of the large salon. The screen on the right is 1880s; the striped silk is a modern copy of a Napoleon III pattern. The red armchair on the left is a 19th century "Voltaire", upholstered in silk that Katell dyed herself in her New York washing machine – it is, she decided after a thorough search, "the perfect 17th century red with no blue in it". The leopardskin ottoman is placed on an Iranian carpet and a Turkish flowered carpet is in the foreground. The angel on the mantlepiece is 18th century.*

Page 90: *un abat-jour en papier japonais artisanal sur un pied en plâtre de Giacometti des années 30.*
Ci-dessus: *vue du double salon. Le paravent, à droite, date des années 1880. La soie à rayures est une réédition d'un motif Napoléon III. Le fauteuil Voltaire rouge sur la gauche, du 19e siècle, a été retapissé d'une soie que Katell a teinte elle-même dans sa machine à laver, après une sérieuse recherche. C'est, dit-elle, «un rouge purement dix-septièmiste, sans aucune trace de bleu». Sous l'ottomane, recouverte d'une peau de léopard, un tapis iranien tandis qu'au premier plan, on remarque un tapis à fleurs turc. L'ange sur la cheminée est du 18e siècle.*

Seite 90: *ein selbstgemachter japanischer Papierlampenschirm auf einem Giacometti-Lampenständer aus den dreißiger Jahren.*
Oben: *Blick in den großen Salon. Der Paravent rechts stammt aus den achtziger Jahren des 19. Jahrhunderts; der gestreifte Seidenstoff ist die moderne Kopie eines typischen Musters aus der Zeit Napoleons III. Der rote Sessel links vor dem Kamin ist ein »Voltaire« aus dem 19. Jahrhundert; den Seidenbezug hat Katell in New York selbst in der Waschmaschine gefärbt – es ist, wie sie nach eingehender Überprüfung meint, »das vollkommene Rot des 17. Jahrhunderts ohne Blaustich«. Die Ottomane mit Leopardenfell steht auf einem iranischen und, im Vordergrund, auf einem türkischen Teppich mit Blumenmuster. Der Engel auf dem Kaminsims ist aus dem 18. Jahrhundert.*

A view of the symmetrical windows that appealed to Katell immediately. She has framed them in chartreuse silk curtains, with a border of black cotton pompoms sewn on by hand. Two English Pembroke tables stand on either side of the small, comfortable white sofa draped with an antique embroidered shawl.

Les fenêtres symétriques qui ont immédiatement charmé Katell. Elle les a garnies de rideaux d'une soie chartreuse bordée d'une passementerie à pompons, en coton noir, cousue à la main. De chaque côté du petit canapé confortable sur lequel est jeté un châle brodé, deux tables anglaises du Pembroke.

Blick auf die symmetrischen Fenster, die Katell auf Anhieb gefallen haben. Sie hat sie mit hellgrünen Seidenvorhängen umrahmt, deren Saum selbstaufgenähte schwarze Baumwollpompons zieren. Zwei englische Pembroke-Tische stehen um das kleine weiße Sofa, das mit einer alten bestickten Decke drapiert ist.

Left: *two 1940s chairs upholstered in leopard print.*
Above: *the "Russian" dining room with an antique embroidered tablecloth, originally used by the Turkmenian nomads to carry their possessions from one camp to the next. The curtains are made of striped cotton turbans from Jaipur. The mirror is Russian, and the stencils on the wall were done by Katell herself using the tried and trusted potato print method.*
Right: *lipstick red, black and white for the bedroom, hidden away at the end of a long Parisian corridor.*

A gauche: *deux chaises tapissées d'un imprimé léopard.*
Ci-dessus: *la salle à manger russe avec un tapis de table ancien; c'est un tissu que les turkmènes nomades utilisaient, à l'origine, pour transporter leurs biens d'un campement à l'autre. Les rideaux sont faits de turbans en coton rayé de Jaipur. Le miroir est russe et les motifs sur les murs ont été exécutés de la main même de Katell qui a utilisé la vieille méthode éprouvée de l'impression à la pomme de terre.*
A droite: *la chambre à coucher en «rouge baiser», noir et blanc se cache au bout d'un long couloir.*

Links: *zwei Stühle aus den vierziger Jahren mit Bezügen im Leopardenmuster.*
Oben: *das »russische« Eßzimmer mit einer alten bestickten Tischdecke, wie sie die turkmenischen Nomaden verwendeten, um ihre Habe von einem Lager ins nächste zu transportieren. Die Vorhänge sind aus gestreiftem Baumwollturbanstoff aus Jaipur. Der Spiegel stammt aus Rußland, und die Muster an der Wand hat Katell selbst mit der Kartoffeldruck-Methode aufgetragen.*
Rechts: *das in Lippenstiftrot, Schwarz und Weiß gehaltene Schlafzimmer, diskret versteckt, am Ende eines langen Pariser Flurs.*

The painter Brizio Bruschi, who lives mainly in Rome, came to Paris influenced by his Parisian grandmother and her love of the city. His Palais Royal apartment is an extravagant red cocoon in vermilion velvet punctuated by the white of porcelain figures, the gilt of carved wood and a dash of yellow silk. Accustomed since his childhood in Italy to rooms overflowing with antiques and walls covered floor to ceiling with paintings, Bruschi is a born collector. He believes that space can always be found for exceptional pieces bought on impulse. This, he admits with a rueful smile, can lead to a baroque clutter; but as your eye wanders around the huge salon that is the main space in the apartment, every object or arrangement has a story to tell.

Brizio Bruschi

Le peintre Brizio Bruschi vit la plupart du temps à Rome. Il est venu à Paris à cause de sa grand-mère parisienne qui adore la capitale. Son appartement du Palais Royal est un extravagant cocon de velours vermillon ponctué par le blanc de ses statuettes en biscuit, les dorures des bois sculptés et une touche de soie jaune. Habitué depuis son enfance italienne aux pièces baroques et aux murs couverts de tableaux jusqu'au plafond, Bruschi est un collectionneur né. Il considère que si l'on tombe sur un objet exceptionnel, d'une beauté évidente, il faut l'acheter; on trouvera toujours une place où le mettre. Certes, reconnaît-il avec un petit sourire, on peut ainsi aboutir à de curieuses juxtapositions! Pourtant, quand on laisse errer son regard dans l'immense salon qui constitue l'espace principal de son appartement, chaque meuble, chaque objet, chaque agencement raconte une histoire.

Der Maler Brizio Bruschi, der die meiste Zeit in Rom lebt, kam durch seine Pariser Großmutter und ihre Liebe zu dieser Stadt nach Paris. Seine Wohnung im Palais Royal ist ein extravaganter Kokon aus scharlachrotem Samt, unterbrochen nur durch das Weiß der Figuren aus Biskuitporzellan, das Gold der Holzschnitzarbeiten und einen Tupfer gelber Seide. Da er seit seiner Kindheit in Italien an Räume gewöhnt ist, die von Antiquitäten nur so überquellen und deren Wände vom Boden bis zur Decke mit Bildern vollgehängt sind, ist Bruschi der geborene Sammler. Seine Philosophie läßt sich etwa in die folgende Maxime fassen: Wenn einem ein ungewöhnlicher Gegenstand von wahrhaft außerordentlicher Schönheit begegnet, dann muß man auf der Stelle zugreifen; ein Platz dafür wird sich schon finden. Das kann, wie er mit einem bedauernden Lächeln einräumt, zu barocker Fülle führen. Doch wenn man den Blick in dem riesigen Salon, der den Mittelpunkt der Wohnung bildet, schweifen läßt, dann erzählen jeder Gegenstand und jedes Arrangement eine Geschichte.

Bruschi created a glass wall under the window to reveal the famous Palais Royal balustrades. The curtains are trimmed in wild mink.

Bruschi a fait faire un mur de verre sous la fenêtre pour voir pleinement les célèbres balustrades du Palais Royal. Les rideaux sont bordés de vison sauvage.

Bruschi hat unterhalb des Fensters eine Glaswand einsetzen lassen, durch die man die berühmte Balustrade des Palais Royal sehen kann. Der Vorhangbesatz ist aus wildem Nerz.

Above: *Bruschi designed the trompe-l'œil velvet on the walls which serves as a backdrop to his collection of animal and reptile imagery. The 1900s' porcelain figures of dancers in the foreground are by Agathon Léonard.*
Right, clockwise from top left: *a snakeskin commode that Bruschi designed himself, a seat from an antique merry-go-round, now a bar, a Japanese bed made in the last century for the foreign market and a 19th century sofa known as a "concierge", because, with strategically placed mirrors, one can see without being seen.*
Following double page: *a general view of the salon.*

Ci-dessus: *Bruschi a réalisé le trompe-l'œil en faux velours capitonné qui sert de toile de fond à sa collection d'images d'animaux et de reptiles. Au premier plan, le biscuit 1900 représentant des danseurs est d'Agathon Léonard.*
A droite, dans le sens des aiguilles d'une montre: *Une commode en peau de serpent créée par Bruschi lui-même, les banes d'un vieux manège converti en bar, un lit japonais construit au siècle dernier pour l'exportation et un sofa du 19e judicieusement baptisé «concierge» parce que des miroirs stratégiquement placés permettent de voir sans être vu.*
Double page suivante: *vue d'ensemble du grand salon.*

Oben: *Die Wandverkleidung aus Samt in Trompe-l'œil-Technik, die als Hintergrund für seine Sammlung von Tier- und Reptiliendarstellungen dient, hat Bruschi selbst entworfen. Die Porzellantänzerinnen im Vordergrund stammen aus der Zeit um 1900 und sind von Agathon Léonard.*
Rechts, im Uhrzeigersinn von links oben: *eine von Bruschi selbst entworfene Schlangenhautkommode; eine alte Karussellschaukel, die jetzt als Hausbar dient; ein japanisches Bett, im 19. Jahrhundert für den Export produziert; ein »Concierge«-Sofa aus dem 19. Jahrhundert, so genannt, weil man in den strategisch angebrachten Spiegeln alles sehen kann, ohne selbst gesehen zu werden.*
Folgende Doppelseite: *eine Gesamtansicht des Salons.*

Textile designer Manuel Canovas caters to what the French call "l'art de vivre" in his chic Paris boutiques; and much of this "art of living" can be appreciated in his Parisian duplex in the 7th arrondissement, where he lives with his wife and three children. The symmetry of the architecture owes much to the style of Jacques-Ange Gabriel, the architect of the neighbouring Ecole Militaire, who insisted that all adjacent buildings echo the proportions of his monumental edifice. The apartment largely faces South, an important point for Manuel, whose Spanish origins endow him with a love of light and colour. The high-ceilinged entrance hall overlooking the Champ-de-Mars has a delightful balcony with views toward the trees, evoking the hall of a country manor with its sweeping staircase and flagstone floor.

Manuel Canovas

Le créateur de tissus Manuel Canovas propose, dans ses boutiques parisiennes, tout ce qui touche à ce que les Français appellent «l'art de vivre», art que l'on peut apprécier à sa juste mesure dans le duplex parisien du VIIe arrondissement où Manuel vit avec sa femme et ses trois enfants. L'architecture de l'immeuble, d'une symétrie toute classique, est caractéristique de Jacques-Ange Gabriel, l'architecte de l'Ecole militaire toute proche, lequel voulut que les édifices adjacents s'harmonisent avec les proportions du monument. L'appartement est exposé au Sud, point fondamental pour Manuel qui, de par ses origines espagnoles, adore la lumière et la couleur. L'entrée très haute sous plafond qui surplombe les arbres du Champ-de-Mars a un délicieux balcon. Avec son escalier en volute et son sol dallé, elle évoque le vestibule d'un manoir de campagne.

Der Textildesigner Manuel Canovas bietet in seinen mondänen Pariser Boutiquen Objekte für das an, was die Franzosen als »l'art de vivre« bezeichnen. Viel von dieser »Lebenskunst« findet man auch in seiner Pariser Wohnung im 7. Arrondissement, wo er auf zwei Etagen mit Frau und drei Kindern wohnt. Die Symmetrie des Gebäudes ist dem Baustil Jacques-Ange Gabriels verpflichtet. Als Architekt der benachbarten Ecole Militaire sorgte er dafür, daß alle umstehenden Gebäude die Proportionen dieses Monumentalbaus widerspiegelten. Die Wohnung ist größtenteils nach Süden gerichtet; ein besonders wichtiges Kriterium für Manuel, der auf Grund seiner spanischen Herkunft eine ausgeprägte Vorliebe für Licht und Farben hat. Die Eingangshalle mit ihrer hohen Decke verfügt über einen wunderbaren Balkon, von dem aus man auf die Bäume des Marsfelds blickt. Mit ihrem gefliesten Boden und der geschwungenen Treppe erinnert sie eher an ein Landschlößchen als eine Stadtwohnung.

Previous pages: *the balcony and a detail of Manuel's study.*
Above: *view of the hallway, with the hunting trophies and a portrait of his Austrian grandmother.*

Pages précédentes: *le balcon et un détail du bureau de Manuel.*
Ci-dessus: *vue de l'entrée ornée de trophées de chasse et d'un portrait de sa grand-mère autrichienne.*

Vorhergehende Seiten: *der Balkon sowie ein Detail aus Manuels Arbeitszimmer.*
Oben: *Blick in die Halle mit dem Porträt seiner österreichischen Großmutter und Jagdtrophäen.*

A view of the "grand salon" with mostly 18th century furniture and a bronze coffee table by Diego Giacometti. The decorative Chinese pagoda is 19th century. The carpet and fabrics are all Canovas' designs.

Le grand salon, meublé essentiellement de pièces du 18e siècle, avec une table basse de Diego Giacometti. La pagode chinoise est du 19e siècle. Les tapis et tissus sont tous des créations de Canovas.

Ein Blick in den »grand salon« mit Möbeln, die größtenteils aus dem 18. Jahrhundert stammen, und einem bronzenen Teetisch von Diego Giacometti. Die dekorative chinesische Pagode entstand im 19. Jahrhundert. Den Teppich und sämtliche Textilien hat Canovas selbst entworfen.

Above: *the small dining room or breakfast room with its cosy country-house atmosphere.*
Left: *the main dining room, much more formal, where the Canovas have been known to entertain over forty guests. The portrait is of one of Manuel's 16th century ancestors, a Spanish conquistador.*

Ci-dessus: *la petite salle à manger, ou coin petit-déjeuner, qui dégage une atmosphère familiale de résidence campagnarde.*
A gauche: *la grande salle à manger d'apparat, où les Canovas peuvent recevoir jusqu'à quarante invités. Le portrait représente un ancêtre de Manuel, un conquistador espagnol du 16e siècle.*

Oben: *das kleine Eß- oder Frühstückszimmer mit seiner gemütlichen Landhausatmosphäre.*
Links: *der große, repräsentativ wirkende Speisesaal, in dem die Canovas schon mehr als vierzig Gäste an einem Abend bewirtet haben. Das Porträt zeigt einen Ahnherrn Manuels aus dem 16. Jahrhundert, einen spanischen Conquistador.*

It's not easy to explain the influence of this eccentric, glamorous and individualistic Frenchwoman. From a cluttered "curiosity shop" in the Rue Bonaparte, she ruled the French decorating world, inspiring reverential respect for her marvellous "eye" and her quasi-Victorian taste. She was the bourgeois bad girl and, towards the end of her life, when she rarely left her bed, heavily made-up and wearing a wig, she presided over a chic circle of admirers, immortalised by her friend, the photographer François-Marie Banier. She was the kind of larger-than-life figure about whom stories and anecdotes abound, and she applied the same individuality of spirit to her life as to her work. Her apartment above the shop, soon to be sold, is the most moving legacy of the Madeleine Castaing style.

Madeleine Castaing

Il n'est pas facile d'expliquer l'immense influence de cette femme excentrique, séduisante et individualiste. Depuis sa boutique, véritable «cabinet de curiosités», rue Bonaparte, elle a dicté les règles du monde de la décoration; son œil merveilleux et son goût quasi victorien ont su s'imposer et attirer le respect. Elle était l'exemple même de la bourgeoise dévoyée, lourdement maquillée et perruquée jusqu'à la fin de sa vie qu'elle passa au lit, présidant une cour d'admirateurs et immortalisée par son ami, le photographe François-Marie Banier. Nombre d'anecdotes savoureuses courent sur ce personnage exceptionnel. Elle fit preuve, dans sa vie, d'autant de singularité et de courage que dans son travail. Son appartement au-dessus de la boutique, qui doit être vendu prochainement, reste le legs le plus émouvant du style Madeleine Castaing.

Leicht ist er nicht zu erklären, der Einfluß dieser exzentrischen, bezaubernden und sehr eigenen Französin. Von einem vollgestopften »Kuriositätenladen« in der Rue Bonaparte aus regierte sie die Welt der französischen Inneneinrichter, denen sie wegen ihres phantastischen »Auges« und ihres quasi-viktorianischen Stils Respekt einflößte. Sie war das bourgeoise »böse« Mädchen. Gegen Ende ihres Lebens, als sie das Bett kaum noch verlassen konnte, präsidierte sie – stark geschminkt, mit Perücke – einem erlesenen Kreis von Bewunderern. Ihr Freund, der Fotograf François-Marie Banier, machte sie mit seinen Aufnahmen unsterblich. Sie zählte zu jenen titanenhaften Persönlichkeiten, um die sich eine Fülle von Geschichten und Anekdoten ranken. Ihr Leben und ihre Arbeit waren gleichermaßen geprägt durch die Unabhängigkeit ihres Denkens. Ihre Wohnung über dem Geschäft, die bald verkauft werden wird, ist der sichtbarste Beweis für den »Stil Madeleine Castaing«.

Page 108: *the bedroom, all pale pink and gold, with "La sieste" by Chaim Soutine, over the bed. Madeleine Castaing harboured the artist during part of the 2nd World War and was a great collector of his work.*
Below: *the panels on the bedroom doors are tapestried in a fabric known as "Nuage", which was in fact the result of a happy accident when water leaked onto a bale of fabric: thus creating an effect impossible to reproduce. Most of the furniture is Napoleon III, on the mirror is a message from François-Marie Banier.*

Page 108: *la chambre à coucher toute en rose pâle et or avec «La sieste» de Chaim Soutine au-dessus du lit. Madeleine Castaing a hébergé le peintre pendant une partie de la guerre et fut une grande collectionneuse de ses œuvres.*
Ci-dessous: *les panneaux de la porte de la chambre à couchér sont tapissés d'un tissu dit «Nuage», heureux résultat d'un accident de fabrication: l'eau, gouttant sur un rouleau de tissu, crée un effet inimitable. La plupart des meubles sont Napoléon III. Le message sur le miroir est de François-Marie Banier.*

Seite 108: *Das Schlafzimmer, ganz in Zartrosa und Gold, mit »La sieste« von Chaim Soutine über dem Bett. Madelaine Castaing nahm den Maler während des Zweiten Weltkriegs für einige Zeit bei sich auf und war eine leidenschaftliche Sammlerin seiner Werke.*
Unten: *Die Türkassetten des Schlafzimmers sind mit einem als »Nuage« bekannten Stoff geschmückt: einem glücklichen Zufall ist es zu verdanken, daß Wasser in einen Stoffballen drang und ein unnachahmliches Muster erzeugte. Die meisten Möbel stammen aus der Zeit Napoleons III. Auf dem Spiegel eine Nachricht von François-Marie Banier.*

***Above:** in the Blue Salon, Madeleine Castaing stopped the workmen before they had finished upholstering the walls, deciding that she liked the effect of the white sponge that went on before the fabric. The ceramic stove is the centrepiece of the room and the 19th century armchair that stands to the right of it has been left unupholstered.*
***Pages 112:** the dusky pink Napoleon III bathroom.*
***Page 113:** the kitchen, with its red plastic cushions and table.*
***Pages 114/115:** views of the entrance hall painted in Madame Castaing's favourite sky blue; the corridor leading to the kitchen, with fishing rods stuck to the walls to give an oriental effect.*

***Ci-dessus:** le salon bleu. Madame Castaing demanda aux artisans d'arrêter leur travail avant même qu'ils n'aient achevé de tapisser les murs, proclamant qu'elle adorait la garniture blanche en éponge qui devait être posée sous le tissu. Le poêle en céramique est la pièce centrale de la pièce; le fauteuil 19e siècle, à sa droite, est resté non tapissé.*
***Page 112:** la salle de bains en rose sombre Napoleón III.*
***Page 113:** la cuisine avec ses coussins et sa table en plastique rouge.*
***Pages 114/115:** l'entrée peinte en bleu ciel, une des couleurs préférées de Madame Castaing. Le couloir menant à la cuisine, avec ses cannes à pêche au mur, dégage une atmosphère orientale.*

***Oben:** der Blaue Salon. Madeleine Castaing stoppte die Handwerker vor dem Anbringen der Stofftapete, denn ihr gefiel plötzlich die Wirkung der weißen Schicht, die nur mit einem Schwamm aufgetragen wurde. Der Keramikofen bildet den Mittelpunkt des Raumes, und der Sessel aus dem 19. Jahrhundert, der rechts daneben steht, ist bewußt nicht bezogen worden.*
***Seite 112:** das gedeckt rosafarbene Badezimmer im Stil Napoleons III.*
***Seite 113:** die Küche mit roten Plastikkissen und Tisch.*
***Seite 114/115:** die Diele ist in Himmelblau gestrichen, Madame Castaings Lieblingsfarbe. Der Flur, der in die Küche führt, ist mit Bambusruten an den Wänden dekoriert. Sie sollen ein fernöstliches Flair erzeugen.*

SOUTINE

صرف
CHANGE
CAMBIO

The Danish model Helena Christensen has now moved out of her charming apartment in Saint-Germain-de-Prés, but for several years this sunny, three-room pied-à-terre was her home. She decorated it very simply, mostly with souvenirs brought back from her travels and garden furniture found at the flea market. Short of space, she turned one room into a walk-in closet and piled up part of her collection of shoes on a stairway that did not lead anywhere. The apartment was never decorated but simply evolved gradually, and the result was a colourful reflection of her natural taste, which veers towards the bohemian, but also towards a certain Scandinavian aesthetic, reminiscent of the interiors of the Swedish 19th century painter Carl Larsson.

Helena Christensen

Le mannequin danois Helena Christensen a maintenant quitté son charmant appartement de Saint-Germain-des-Prés mais pendant plusieurs années ce petit trois-pièces a été son pied-à-terre favori. Elle l'a décoré très simplement avec des souvenirs rapportés de ses voyages et de légers meubles de jardin trouvés dans les marchés aux puces. Comme elle manquait de place, elle a transformé une pièce en penderie et a disposé sa collection de chaussures sur un escalier ne menant nulle part. Elle n'a jamais fait décorer cet appartement mais il a évolué progressivement et reflète la gaieté et la couleur. Helena sait allier ses tendances bohèmes à une esthétique scandinave inspirée des tableaux d'intérieur du suédois Carl Larsson au 19e siècle.

Das dänische Fotomodell Helena Christensen ist mittlerweile aus dieser bezaubernden Wohnung in Saint-Germain-des-Prés ausgezogen, aber die kleine Dreizimmerwohnung war mehrere Jahre lang ihr Zuhause. Sie hatte sie sehr einfach eingerichtet, hauptsächlich mit Souvenirs von ihren Reisen und Gartenmöbeln, die sie auf dem Flohmarkt erstand. Da sie nur über wenig Platz verfügte, verwandelte sie einen Raum in einen begehbaren Schrank und stapelte ihre Schuhsammlung auf einer Treppe, die nirgendwohin führte. Das Interieur der Wohnung wurde nie bewußt gestaltet. Die Einrichtung ist einfach allmählich vervollständigt worden, und das Ergebnis war ein farbenfrohes Abbild von Helenas natürlichem Geschmack, den ein gewisser Hang zur Bohème, aber auch zur skandinavischen Ästhetik auszeichnet, wie sie etwa die Inneneinrichtungen auf Bildern des schwedischen Malers Carl Larsson aus dem 19. Jahrhundert zeigen.

Page 116: *a corner of the bedroom, with coloured Mexican candlesticks, lace curtains from one of Helena's favourite stalls in Paris' Clignancourt flea market and a Moroccan "Change" sign that she spent hours bargaining for. Several of her favourite necklaces are hung from nails on the wall.*
Above: *two views of the living room, with several of Helena's favourite naive paintings of flowers, including some that she painted herself. An antique Spanish shawl, embroidered and fringed, serves as a curtain.*

Page 116: *un coin de la chambre à coucher avec des bougeoirs mexicains hauts en couleurs, des rideaux de dentelle achetés aux Puces de Clignancourt (un des lieux favores d'Helena), une pancarte «Change» qu'elle eut beaucoup de mal à obtenir.*
Ci-dessus: *la salle de séjour avec des tableaux de fleurs dont certains peints par elle-même. Un châle espagnol ancien, brodé et frangé, sert de draperie.*

Seite 116: *das Schlafzimmer mit bunten mexikanischen Kerzenhaltern, Spitzengardinen – von einem der Lieblingsstände Helenas auf dem Pariser Flohmarkt Clignancourt – sowie einem marokkanischen »Change«-Schild, für das sie ihre ganzen Überredungskünste einsetzen mußte, bis man es ihr verkaufte. Einige ihrer Lieblingsketten hängen an Nägeln an der Wand.*
Oben: *zwei Ansichten des Wohnzimmers mit den von Helena besonders geliebten naiven Blumenbildern und auch einigen eigenen Werken. Ein alter spanischer Schal mit Fransen und Stickerei dient als Vorhang.*

Far right: *A view of the living room with its green painted garden chairs and scrubbed wood table from the market. On the shelves and walls an accumulation of photographs and souvenirs. The carpets were bought in the souks of Marrakesh.*

Page de droite: *salon avec les sièges de jardin peints en vert et la table en bois décapé. Sur les étagères et les murs, des photographies et des souvenirs de voyage. Les tapis ont été achetés dans les souks de Marrakech.*

Rechte Seite: *Blick in das Wohnzimmer mit den grüngestrichenen Gartenstühlen und dem blankgescheuerten Holztisch vom Flohmarkt. Auf den Regalen und an den Wänden sieht man eine Ansammlung von Fotografien und Reiseandenken. Die Teppiche stammen aus den Suks von Marrakesch.*

Following pages: *view of part of Helena's shoe collection, that "seems to breed in the cupboard" – mostly gifts from fashion designers that she hopes to pass on to her children. A view of the kitchen, with lots of the cheap enamel and cheerful kitchenware she loves. The painting on the right is contemporary African naive, originally used as a hairdresser's sign.*

Pages suivantes: *une partie de la collection de chaussures d'Helena qui «semblent se reproduire dans le placard»; la plupart lui ont été offertes par les couturiers et elle espère les transmettre à ses enfants. Une vue sur la cuisine pleine de pots et d'ustensiles émaillés tout simples. Sur le mur de droite, toile d'un naïf africain contemporain qui servait, à l'origine, d'enseigne à un coiffeur.*

Folgende Seiten: *Teile von Helenas Schuhsammlung, die »sich im Schrank zu vermehren scheint« – die meisten Schuhe sind Geschenke von Modeschöpfern, die sie einmal an ihre Kinder weitergeben will. Ein Blick in die Küche mit ihrer umfangreichen Kollektion einfachen Emaillegeschirrs, für das Helena ein Faible besitzt. Rechts im Bild ein zeitgenössisches naives Gemälde aus Afrika, das ursprünglich einem Friseur als Ladenschild diente.*

UNITY ARTIST

On aristocratic Avenue Foch in the 16th arrondissement, a young collector of modern design instigated a unique project: to have a space completely re-designed and to give carte blanche to a contemporary designer who would conceive the proportions, every fixture, even the furnishings. The apartment on these pages is a rare example of private sponsorship of design in Paris. Gaetano Pesce, the Italian designer invited by the collector to transform the 200 m² penthouse, allowed his imagination to run riot, and with playful details such as the chimney in the shape of a face, the balustrade that evokes a line of flowers growing, or the tricolor as a curtain, succeeded in creating an extraordinary space.

Un collectionneur

Sur l'aristocratique avenue Foch, dans le XVIe arrondissement, un jeune collectionneur passionné d'art contemporain a conçu un projet unique: recréer totalement un espace en donnant carte blanche à un designer qui se chargerait de toute la conception, depuis les proportions d'ensemble jusqu'aux accessoires en passant par le mobilier. Il s'agit, en fait d'un rare exemple, à Paris, de mécénat privé. C'est Gaetano Pesce qui a été chargé par notre collectionneur de transformer les 200 m² du triplex. Il a donné libre cours à son imagination et à sa fantaisie; ainsi la cheminée prend l'aspect d'un visage, la balustrade se fait passer pour une bordure de fleurs et le rideau est un drapeau tricolore. Le résultat est extraordinaire.

Auf der Avenue Foch im vornehmen 16. Arrondissement hat ein junger Sammler von modernem Design ein einzigartiges Projekt gestartet: Er ließ eine Wohnung von Grund auf neu gestalten. Er beauftragte einen Designer, dem er von der Planung der Raumgröße und des Inventars bis hin zur Auswahl der Möbel völlig freie Hand ließ. Die hier vorgestellte Wohnung ist ein seltenes Beispiel für die private Design-Förderung in Paris. Der italienische Designer Gaetano Pesce, den der Sammler mit der Umgestaltung des 200 m² großen Penthauses betraute, ließ seiner Phantasie freien Lauf. Verspielte Details wie etwa der Kamin in Form eines Gesichts, die Balustrade, die an eine Reihe wachsender Blumen erinnert, oder die französische Flagge als Vorhang zeigen, daß Pesce hier einen außergewöhnlichen Raum geschaffen hat.

View of the bedroom on the first floor with its Memphis furnishings. Pesce is Venetian and the walls of the entire apartment were beautifully finished in stucco veneziano. The monumental French flag curtain was inspired by the decorations for the 14th of July parades on the Champs-Elysées, which are always decked out in tricolors. The head against the far wall is an Eygptian antiquity.

La chambre à coucher, au premier étage, avec des meubles du groupe Memphis. Pesce étant vénitien, il a enduit les murs d'un magnifique stucco veneziano. Le monumental drapeau français qui sert de rideau s'inspire des défilés du 14 juillet sur les Champs-Elysées. La tête, au fond, est une antiquité égyptienne.

Blick in das mit Memphis-Möbeln ausgestattete Schlafzimmer im ersten Stock. Pesce ist Venezianer, und sämtliche Wände der Wohnung wurden in Stucco-veneziano-Technik verziert. Die Idee zu dem gewaltigen Trikolore-Vorhang kam ihm, als er den Fahnenschmuck für die Parade am 14. Juli auf den Champs-Elysées sah, wo alle Häuser mit Trikoloren beflaggt werden. Die Büste an der hinteren Wand ist eine Antiquität aus Ägypten.

On the mezzanine, the "electric balustrade" is in fact composed of globes of hand blown and coloured Venetian glass on flexible metal stems. The amorphous doors are partly in aged bronze. The floor, installed by Pesce's team of Venetian artisans is in moulded plastic with motifs at irregular intervals. The furniture by the "cubic" bookcases, designed by Pesce, is by the high priest of Italian design, Carlo Mollino.

Sur la mezzanine, la «balustrade électrique» composée de globes de verre vénitien, soufflé et coloré selon les méthodes ancestrales, qui se balancent sur des tiges de métal flexibles. Les portes biomorphes comportent du bronze vieilli. Le sol, réalisé par l'équipe d'artisans vénitiens de Pesce, est en plastique coulé avec des motifs irrégulièrement répartis. Les meubles, à côté de la bibliothèque «cubique» dessinée par Pesce, sont signés d'un grand nom du design italien, Carlo Mollino.

Die »elektrische Balustrade« im Zwischengeschoß besteht aus handgeblasenen und kolorierten venezianischen Glaskugeln auf flexiblen Metallfüßen. Die amorphen Türen sind zum Teil aus Bronze. Der Fußboden, den Pesces venezianisches Handwerkerteam verlegt hat, besteht aus gegossenem Kunststoff und ist in unregelmäßigen Abständen mit Motiven dekoriert. Die Möbel vor den »kubischen» Bücherregalen, die Pesce entworfen hat, stammen von Carlo Mollino, dem Hohepriester des italienischen Designs.

Gilles Dewavrin lives just in front of the Luxembourg Gardens, in the heart of the 6th arrondissement. His three-room apartment is an extraordinary place: decorated with conviction and with attention to every detail, it has great visual impact and masculine charm. It was Gilles' first independent apartment, so he took great pleasure in having things especially made, in searching for the right textiles and motifs to complement the whole. He adores bright colours and very graphic patterns and has combined them to great effect. A long sojourn in England left him with an appreciation of the aesthetics of the gentleman's study, club and dressing room, which had the effect of stimulating a great passion for walls covered in paintings, engravings and drawings.

Gilles Dewavrin

Gilles Dewavrin vit juste en face du jardin du Luxembourg, au cœur du VIe arrondissement. Son appartement de trois pièces est un lieu extraordinaire: décoré avec conviction et avec un soin apporté à chaque détail, il possède un grand impact visuel et un charme très masculin. Comme c'est le premier appartement dont il est propriétaire, Gilles a pris un grand plaisir à choisir, ou à commander ses meubles et à chercher les tissus et les motifs qui s'harmoniseraient parfaitement avec l'ensemble. Il adore les couleurs vives et les motifs nets qu'il a su allier avec force. Un long séjour en Grande-Bretagne l'a familiarisé avec l'art britannique d'aménager des pièces studieuses et confortables, comme dans les clubs, et a stimulé sa passion pour les murs couverts de tableaux, de gravures et de dessins.

Gilles Dewavrin wohnt direkt am Jardin du Luxembourg, mitten im Herzen des 6. Arrondissements. Seine Dreizimmerwohnung ist ein in jeder Hinsicht außergewöhnlicher Ort. Er hat sie mit Hingabe und einem besonderen Blick fürs Detail eingerichtet, und sie beeindruckt durch ihre das Auge verwöhnende Gestaltung und ihren maskulinen Charme. Da es sich um die erste Wohnung handelte, die Gilles in eigener Regie einrichten konnte, bereitete es ihm großes Vergnügen, sich bestimmte Dinge eigens anfertigen zu lassen und nach Stoffen und Motiven zu suchen, die den Gesamteindruck abrundeten. Er hat eine ausgeprägte Vorliebe für helle Farben und betont graphische Muster. Diese beiden Elemente hat Dewavrin sehr erfolgreich miteinander verbunden. Anläßlich eines langen Englandaufenthalts hat er die besondere Atmosphäre des Herrenzimmers, Clubs und Ankleidezimmers schätzengelernt. Seine große Leidenschaft für Wände voller Gemälde, Stiche und Zeichnungen resultiert aus dieser Zeit.

Page 126: *view of the study with its wall full of colourfully framed engravings designed by Gilles. The motifs are some of his favourites: graphic patterns, stripes, dragons, snakes, and knives. The desk is of Chinese inspiration and was bought at World's End in London. The extravagant tapestry chair is Napoleon III and was found for him by Jean-Louis Riccardi.*
Above: *view of the boldly striped sofa in the living room and a wall full of prints and paintings imaginatively framed by Gilles. The doors with an inlaid cross were specially made to Gilles' design by Dogeront-Matantiq.*

Page 126: *le bureau avec son mur tapissé de gravures dont les cadres colorés, créés par Gilles, portent ses motifs préférés, toujours très géométriques – rayures, dragons, serpents et poignards stylisés. Le bureau, d'inspiration chinoise, a été acheté chez World's End à Londres. C'est Jean-Louis Riccardi qui lui a trouvé l'extravagante chaise Napoléon III.*
Ci-dessus: *le canapé à larges rayures du salon devant un mur orné de gravures et de tableaux dont Gilles a aussi créé les cadres imaginatifs. La porte, avec des motifs de croix incrustés, a été exécutée d'après un dessin de Gilles par Dogeront-Matantiq.*

Seite 126: *Blick in das Arbeitszimmer mit einer Wand voller Stiche in farbenfrohen, von Gilles entworfenen Rahmen. Sie verarbeiten einige seiner Lieblingsmotive: graphische Muster, Streifen, Drachen und Schlangen oder Messer. Der Schreibtisch von World's End in London hat einen chinesischen Touch. Der extravagante Polsterstuhl stammt aus der Zeit Napoleons III. und wurde von Jean-Louis Riccardi für ihn aufgestöbert.*
Oben: *das breit gestreifte Sofa im Salon vor einer Wand voller Drucke und Gemälde, die Gilles mit viel Phantasie gerahmt hat. Die Türen mit den kreuzförmigen Einlegearbeiten wurden nach Entwürfen von Gilles eigens von Dogeront-Matantiq angefertigt.*

Another view of the living room, with a deep turquoise-blue tapestry carpet by Gilles' mother. The armchairs are upholstered in fleur-de-lis printed fabric, and the mirror is covered by a painted trellis to give the impression of a mosaic. On the right, there is a view through to Gilles' entrance hall that doubles as library-cum-dining room. The table with the inlaid chessboard top balanced on a trompe-l'œil pile of books was also designed by Gilles. The black and white armchairs are by Yves Halard.

Une autre vue du salon avec un tapis bleu turquoise fait par la mère de Gilles. Les fauteuils sont tapissés d'un tissu à motifs de fleur de lys et le miroir est recouvert d'un treillis peint donnant l'impression d'une mosaïque. Sur la droite, une perspective sur l'entrée qui sert également de salle à manger-bibliothèque. La table est aussi une création de Gilles: le plateau en marqueterie, faisant office d'échiquier, est posé sur un pied imitant, en trompe-l'œil, une pile de livres. Les fauteuils noirs et blancs viennent de chez Yves Halard.

Ein weiterer Blick in den Salon mit einem Gobelinteppich in dunklem Türkis und Blau von Gilles' Mutter. Die Sessel, die mit einem Bourbonenlilienstoff bezogen sind, unterstreichen den ornamentalen Eindruck dieses Raums ebenso wie der durch ein bemaltes Holzgitter verdeckte Spiegel, der wie ein Mosaik wirkt. Rechts blickt man in Gilles' Eingangshalle, die zugleich als Bibliothek und Eßzimmer dient. Den Eßzimmertisch hat Gilles ebenfalls selbst entworfen: Die Tischplatte mit einem Schachbrett in Intarsienarbeit ruht auf einem imitierten Bücherstapel. Die schwarzweißen Sessel stammen von Yves Halard.

When designer Christian Duc moved to this 1920s' building in the 2nd arrondissement, he discovered a remarkable pastiche of a bourgeois Haussmannian apartment on the top floor. With decorative plasterwork and marble fireplaces, the owners had recreated the 19th century with Art Deco proportions. The paradox appealed to him, but what truly captured his imagination was the roof garden. This extraordinary site was apparently intended as a vegetable garden from the start. The original owners had been so afraid of war that they set out to be completely self-sufficient in fruit and vegetables – or so the story goes. Christian seized on the amusing anecdote and decided to cultivate anew an old-fashioned kitchen garden on the seventh floor. With garden designer Pascal Cribier, he conceived a unique "jardin potager", where one can admire an exceptional view of Paris while picking strawberries.

Christian Duc

Quand le designer Christian Duc visita pour la première fois cet immeuble des années 20 dans le IIe arrondissement, il découvrit, au dernier étage, un remarquable pastiche de l'appartement type haussmannien. Avec des stucs ornementaux et une cheminée en marbre, les propriétaires avaient recréé le 19e siècle dans des volumes et des proportions Art Déco. Ce paradoxe n'était pas pour lui déplaire mais il fut surtout conquis par le jardin suspendu. Cet extraordinaire potager avait vraisemblablement été planté dès la construction de l'immeuble. On raconte que les premiers propriétaires, traumatisés par la guerre, avaient installé ce jardin pour être sûrs de pouvoir se nourrir en fruits et légumes, quelles que soient les circonstances; c'est, en tout cas, ce que dit la petite histoire. Christian s'est emparé de cette émouvante anecdote et a décidé de cultiver son petit potager à l'ancienne sur la terrasse de son septième étage. Avec le paysagiste jardinier Pascal Cribier, il a conçu un jardin unique d'où l'on peut admirer la vue exceptionnelle tout en cueillant des fraises.

Als der Designer Christian Duc in dieses Haus aus den zwanziger Jahren im 2. Arrondissement zog, entdeckte er im obersten Stockwerk die bemerkenswerte Nachahmung einer bürgerlichen Wohnung im Haussmannschen Stil. Mit dekorativem Stuck und Marmorkaminen hatten die Besitzer das 19. Jahrhundert in Art-déco-Proportionen wiederaufleben lassen. Das Paradoxe daran reizte ihn; was jedoch seine Phantasie wirklich beflügelte, das war der Dachgarten. Dieser außergewöhnliche Ort war offenbar von Anfang an als Gemüsegarten angelegt. Die ursprünglichen Besitzer wurden so sehr von Kriegsängsten geplagt, daß sie versuchten, zumindest in der Gemüse- und Obstversorgung autark zu sein – so jedenfalls wird erzählt. Christian griff die amüsante Anekdote auf und beschloß, im siebten Stock erneut einen altmodischen Küchengarten entstehen zu lassen. Zusammen mit dem Gartenarchitekten Pascal Cribier schuf er einen einmaligen »potager«, in dem man beim Erdbeerpflücken einen phantastischen Blick auf Paris genießen kann.

On the previous double page: *view of the roof garden, with antique »cloches à melon« from Provence protecting cabbages.*
On these pages: *view of the interior with Duc's collections of furniture and objects from Biedermeier to Bauhaus. He also collects antiques, such as the fragment on the mantle piece. The carpets are his own designs.*

Double page précédente: *le potager suspendu avec de vieilles cloches à melon provençales protégeant les choux.*
Ci-contre: *l'intérieur avec des meubles et objets des époques allemandes du Biedermeier au Bauhaus. Christian Duc collectionne aussi des pièces antiques, tel le fragment sculpté sur la cheminée. Les tapis sont exécutés selon ses propres dessins.*

Vorhergehende Doppelseite: *Dachgarten mit altmodischen provenzalischen »cloches à melon« zum Schutz der Kohlköpfe.*
Diese Doppelseite: *die Inneneinrichtung der Wohnung mit Ducs Sammlung von Möbeln und anderen Gegenständen vom Biedermeier bis zur Bauhauszeit. Seine Sammlung umfaßt aber auch antike Kunstobjekte wie etwa das Fragment auf dem Kaminsims. Die Teppiche hat er selbst entworfen.*

Tucked away in a side street of the 16th arrondissement is the curious apartment of Gilles Dufour, Karl Lagerfeld's studio director at Chanel. He has composed an enchanting world overflowing with colour, light and fantasy. Gilles, rather like a character in an F. Scott Fitzgerald novel, has created a seductive reflection of himself with which you fall a little in love and – of course – find difficult to leave. Part of its fascination lies in the clutter, the accumulation of unique objects chosen with Gilles' sure instinct for the sublime, as opposed to the merely interesting.

Gilles Dufour

Le curieux appartement de Gilles Dufour, directeur de studio chez Chanel, se trouve dans une petite rue du XVIe arrondissement. Il a su créer un monde enchanteur plein de couleurs, de lumière et de fantaisie. Un peu comme un personnage d'un roman de F. Scott Fitzgerald, Gilles a fait de son intérieur un séduisant reflet de lui-même dont on tombe immédiatement amoureux et qu'on a, évidemment, beaucoup de mal à quitter. Une part de cette fascination réside dans ses objets uniques que Gilles a choisis avec son instinct infaillible et son goût prononcé pour le sublime qu'il aime à différencier du simplement charmant ou intéressant.

Versteckt in einer Seitenstraße des 16. Arrondissements liegt die kuriose Wohnung von Gilles Dufour, Karl Lagerfelds Atelierleiter bei Chanel. Er hat eine hinreißende Welt geschaffen, die von Farben, Licht und Phantasie nur so sprüht. Wie eine Gestalt aus einem Roman von F. Scott Fitzgerald ist hier ein verführerisches Abbild seiner selbst zu bewundern, in das man sich ein wenig verliebt und das man – wie könnte es anders sein – nur ungern wieder verläßt. Einen Teil der Faszination macht das stilvolle Durcheinander aus, das arrangierte Sammelsurium einzigartiger Gegenstände, die Gilles mit seinem sicheren Gespür für das Großartige im Gegensatz zum bloß Interessanten ausgewählt hat.

Page 136: *the "gentleman's dressing room" effect is in fact a trompe-l'œil of wood panelling done on paper by Gilles Planier. The silhouettes all represent English lords.*
Above: *view of the bedroom, showing Lagerfeld's portrait of Gilles and an unfinished allegorical 19th century painting above the bed. The fabrics on the walls and the screen are by Madeleine Castaing.*

Page 136: *le «dressing du gentleman» n'est qu'un trompe-l'œil de papier imitant des boiseries, signé Gilles Planier. Les silhouettes représentent toutes des lords anglais.*
Ci-dessus: *la chambre à coucher avec le portrait de Gilles par Lagerfeld et un tableau allégorique inachevé du 19e siècle au-dessus du lit. Le tissu tapissant les murs et le paravent sont de Madeleine Castaing.*

Seite 136: *Was das Schlafzimmer aussehen läßt wie das Ankleidezimmer eines Gentlemans, ist tatsächlich nur Trompe-l'œil: eine von Gilles Planier auf Papier gemalte Holzvertäfelung. Die Scherenschnittsilhouetten zeigen allesamt englische Lords.*
Oben: *ein Blick in das Schlafzimmer. Über dem Bett Lagerfelds Porträt von Gilles und ein unvollendetes allegorisches Gemälde aus dem 19. Jahrhundert. Der Stoff für die Wandbespannung und der Wandschirm sind von Madeleine Castaing.*

A view of the pale lemon living room decorated with starfish. The sofa was in fact Gilles' bed when he was a young man and has been re-upholstered in red. The 19th century painting in Pompier style depicts "Pyramus and Thisbe". The Napoleon III lamps are crowned with impromptu pink paper shades created by Gilles. The little chair upholstered in painted canvas is one of his favourite pieces.

Vue du salon jaune citron clair, égayé d'étoiles de mer. Le canapé est, en fait, le lit sur lequel Gilles dormait adolescent, tapissé en rouge. Le tableau de style Pompier du 19e siècle représente «Pyrame et Thisbé». Les lampes Napoléon III sont couronnées d'abat-jour en papier rose créés par Gilles. La petite chaise tapissée de toile peinte est un de ses meubles favoris.

Das Wohnzimmer ist in einem blassen Zitronengelb gehalten und mit Seesternen dekoriert. Bei dem Sofa handelt es sich um Gilles' Bett aus Jugendtagen, das einen neuen roten Bezug erhalten hat. Das Gemälde eines »Pompier« aus dem 19. Jahrhundert trägt den Titel »Pyramus und Thisbe«. Von Gilles selbst improvisierte Lampenschirme aus rosa Papier krönen die Lampen aus der Zeit Napoleons III. Der kleine Sessel mit einem Bezug aus bemaltem Leinen zählt zu seinen Lieblingsstücken.

Page 140: *the fireplace, crowned with busts by Chapu and Delamarre and a Isamu Noguchi lamp. On the left is a chair designed by Garigue.*
Page 141, clockwise from top left: *a table by Eric Schmitt with the ashtray "Hommage à la danse" by Patrick Rétif; a paper doll by Mathias and Nathalie; the desk in the entrance hall, with a boxed collection of butterflies and a rare silver letter rack by Emilio Terry; a fashion photograph by Henry Clarke and a miniature armchair in green.*
Above: *a stuffed hen and plaster decorations from a butcher's shop in the living room.*
Right: *the kitchen cupboard is a joyous jumble of coloured ceramics and pottery, including mauve Minton teacups and 19th century "barbotines".*

Page 140: *la cheminée sur laquelle sont posés un buste et une tête de Chapu et Delamarre ainsi qu'une lampe de Isamu Noguchi. A gauche, une chaise de Garigue.*
Page 140, dans le sens des aiguilles d'une montre: *une table d'Eric Schmitt portant le cendrier «Hommage à la danse» de Patrick Rétif; une poupée en papier de Mathias et Nathalie; le bureau, dans l'entrée, avec une collection de papillons dans des boîtes et un précieux porte-lettres de Emilio Terry; une photo de mode de Henry Clarke et un fauteuil minature en velours vert.*
Ci-dessus: *le salon avec une poule empaillée et des plâtres décoratifs, originaires d'une boucherie.*
A droite: *le buffet de la cuisine empli d'un gai assortiment de faïences colorées et de porcelaine, dont des tasses à thé de Minton et des barbotines du 19e siècle.*

Seite 140: *Den Kaminsims schmücken Büsten von Chapu und Delamarre sowie eine Lampe von Isamu Noguchi. Der Stuhl links von Garigue entworfen.*
Seite 141, im Uhrzeigersinn von links oben: *ein Tisch von Eric Schmitt mit dem Aschenbecher »Hommage à la danse« von Patrick Rétif; eine Papierpuppe von Mathias und Nathalie; der Schreibtisch in der Eingangshalle mit Schmetterlingskästen und einem seltenen silbernen Briefständer von Emilio Terry; eine Modeaufnahme von Henry Clarke und ein Miniatursessel in grünem Samt.*
Oben: *ein ausgestopftes Huhn und Gipsdekorationen aus einem Fleischergeschäft im Wohnzimmer.*
Rechts: *der Küchenschrank mit einem fröhlichen Sammelsurium von buntem Geschirr und Keramik, unter anderem malvenfarbene Minton-Teetassen und "barbotines" aus dem 19. Jahrhundert.*

Loulou de la Falaise and her husband live in Montparnasse in a building that was built in the 1930s for artists; even today you have to have an artistic profession in order to apply for tenancy. All the ateliers have slightly different proportions. Loulou has two connecting spaces: one entirely devoted to her daughter Anna and one carpeted in ultramarine, dominated by a huge crystal chandelier which was discarded during the refurbishment of one of Paris' grand hotels. Although the chandelier, the day bed, the columns and the mirror in Loulou's salon are all imposing pieces, they are dwarfed by the proportions of the atelier and the huge window that infuses the space with steady, painterly light. Loulou fills her atelier with plants, coloured glass and flea market finds in a series of uniquely charming juxtapositions, characteristic of her creative style.

Loulou de la Falaise

Loulou de la Falaise et son époux vivent à Montparnasse dans un immeuble d'ateliers d'artistes construit dans les années 30; aujourd'hui encore, les locataires doivent exercer une profession artistique. L'appartement se compose de deux espaces communicants: l'un est réservé à sa fille Anna et l'autre, moqueté de bleu outremer, est dominé par un immense lustre de cristal dont un grand hôtel parisien s'est débarrassé avant sa rénovation. Le lustre, le lit de repos, les colonnes et le miroir du salon de Loulou sont des pièces d'une taille imposante mais elles s'harmonisent avec les proportions de l'atelier et de l'immense baie qui laisse filtrer cette lumière égale que chérissent les peintres. Loulou aime les plantes et les verreries colorées trouvées chez les brocanteurs, qu'elle sait disposer avec charme.

Loulou de la Falaise und ihr Mann leben in Montparnasse in einem Haus, das in den dreißiger Jahren eigens für Künstler erbaut wurde. Auch heute noch muß man einen künstlerischen Beruf ausüben, wenn man dort einziehen will. Jedes der Ateliers ist ein wenig anders geschnitten. Loulou bewohnt zwei miteinander verbundene Ateliers: Eines davon ist ganz ihrer Tochter Anna vorbehalten. Die Raumwirkung des anderen wird von einem gewaltigen kristallenen Kronleuchter beherrscht, der bei der Renovierung eines der großen Pariser Hotels ausgemustert wurde. Loulous Atelier ist mit einem ultramarinblauen Teppich ausgelegt. Obwohl der Kronleuchter, das Sofa, die Säulen und der Spiegel in Loulous Salon allesamt durchaus imposante Stücke sind, erscheinen sie in diesem Atelier mit seinem riesigen Fenster, das den Raum ständig in ein zum Malen ideales Licht taucht, geradezu winzig. Loulou hat das weiträumige Atelier mit Pflanzen, farbigem Glas und Fundstücken vom Flohmarkt ausgestattet und sie in der für sie typischen Art einander gegenübergestellt.

Page 144 and above: *view of the main living area. The day bed, 18th century American, was a present from her mother, and the magazine table was designed by her brother Alexis de la Falaise. The mirror is framed with fragments of Louis XIV panelling.*

Page 144 et ci-dessus: *une vue du salon. Le lit de repos américain du 19e siècle lui a été offert par sa mère et la petite table porte-revues a été dessinée par son frère Alexis de la Falaise. Le cadre du miroir est fait de fragments de lambris Louis XIV.*

Seite 144 und oben: *Hauptwohnbereich; das Kanapee aus dem 18. Jahrhundert stammt aus Amerika und ist ein Geschenk von Loulous Mutter. Bei dem Zeitschriftentisch handelt es sich um einen Entwurf ihres Bruders Alexis de la Falaise. Der Rahmen des Spiegels besteht aus Bruchstücken von Holzvertäfelungen aus der Zeit Louis' XIV.*

Right: *the bedroom, situated on the mezzanine, where Loulou keeps the huge collection of jewellery that she has designed over the years for Yves Saint-Laurent.*
Below: *view of the library-cum-dining room through the draped toile curtains. The mirrors on the far wall were found by Jacques Grange and the fragile little gold chairs, traditionally used for the public at private couture shows, come from the house of Yves Saint-Laurent. The table is covered with a batik by Jonathan Hope. The curved mirror in the foreground was a wedding present from Ricardo Bofill and is an Antoni Gaudí re-edition by Andrée Putmann.*

A droite: *Dans la chambre à coucher, installée sur la mezzanine, Loulou garde la magnifique collection des bijoux qu'elle a créés pendant des années pour Yves Saint-Laurent.*
Ci-dessous: *la bibliothèque-salle à manger derrière les rideaux en toile drapés avec art. Les miroirs, au fond, sont une trouvaille de Jacques Grange et les délicates petites chaises dorées étaient, à l'origine, destinées au public des défilés privés de la maison Yves Saint-Laurent. La table est couverte d'un batik de Jonathan Hope. Au premier plan, le miroir aux lignes serpentines (cadeau de mariage de Ricardo Bofill) est la réédition par Andrée Putmann d'un original de Antoni Gaudí.*

Rechts: *Das Schlafzimmer liegt im Zwischengeschoß; hier bewahrt Loulou ihre umfangreiche Sammlung von Schmuckstücken auf, die sie im Laufe der Jahre für Yves Saint-Laurent entworfen hat.*
Unten: *ein Blick durch die gerafften Toilevorhänge in das Bibliotheks- und Eßzimmer. Die Spiegel an der rückwärtigen Wand hat Jacques Grange aufgestöbert, und die zierlichen Goldstühle, die eigentlich als Sitzgelegenheiten für das Publikum bei privaten Modevorführungen dienen, stammen von Yves Saint-Laurent. Bei dem Tischtuch handelt es sich um eine Batikarbeit von Jonathan Hope. Der geschwungene Spiegel im Vordergrund ist ein Hochzeitsgeschenk von Ricardo Bofill, ein von Andrée Putman neu aufgelegtes Stück Antoni Gaudís.*

Inès moved into her light and airy apartment when she was newly married and only just embarking on her career as a fashion designer. "Le tout Paris" was utterly bowled over by her pared down style and seized by a craze for all things Swedish – expecially Gustav III. Suddenly, perfection, in decorating terms, was to live in a Carl Larsson painting. The fad is over, but the apartment and the very special atmosphere that Inès created has enduring charm: the striped curtains and beechwood floors, the furniture discovered in Stockholm and the sky-blue walls have proved delightful to live in.

Inès de la Fressange et Luigi d'Urso

Inès a emménagé dans son appartement clair et aéré juste après son mariage alors qu'elle venait à peine de se lancer dans sa nouvelle carrière de styliste. Le tout Paris fut totalement conquis par la limpidité de son goût et sa folie des choses suédoises datant en particulier de l'époque de Gustave III. Du coup, la perfection, en terme décoratifs, était de vivre dans une toile de Carl Larsson. Cette mode s'est estompée avec le temps, mais l'appartement, avec cette atmosphère si particulière qu'Inès a su créer, continue à exercer son charme. Les rideaux à rayures, les parquets en hêtre, les meubles rapportés de Stockholm, les murs bleu ciel se révèlent toujours aussi agréables à vivre.

Inès zog in diese helle und geräumige Wohnung, als sie frisch verheiratet war und ihre Karriere als Modedesignerin gerade erst in den Anfängen steckte. »Le tout Paris« war hingerissen von der Schlichtheit ihrer Einrichtung, und mit einem Male war Schweden ganz groß in Mode, genauer gesagt alles aus der Zeit Gustavs III. Eine Inneneinrichtung galt als vollkommen, wenn sie den Eindruck erweckte, als sei sie dem Interieur eines Carl-Larsson-Bildes entnommen. Die Mode hat sich geändert, aber Inès' Wohnung hat ihre unverwechselbare Atmosphäre bewahrt: die gestreiften Vorhänge und die Buchenholzböden, die Möbel, die sie in Stockholm aufgestöbert hat, die himmelblauen Wände – auch heute noch ist es eine Freude, darin zu leben.

***Page 149:** Jim, Inès' biscuit-coloured dog, on his blue bed upholstered in Javanese batik. Collecting fabrics is one of Inès' passions, inherited, she says, from her grandmother.*
***On these pages:** the salon is fitted with 18th century panelling from a French abbey, washed sky blue. The curtains are swags of blue, ivory and primrose taffetas. In the bedroom, the Gustav III chairs and the china blue and white checked upholstery are typically Swedish.*

***Page 149:** Jim, le chien couleur biscuit d'Inès, sur son lit bleu en batik de Java. Collectionner les tissus est une des passions d'Inès qu'elle a, dit-elle, héritée de sa grand-mère.*
***Ci-contre:** au salon, les boiseries 18e d'une ancienne abbaye sont teintées d'un lavis bleu ciel. Rideaux en taffetas à rayures bleues, ivoire et primevère. Dans la chambre à coucher, règne une atmosphère typiquement suédoise avec les chaises Gustave III et les tissus imprimés à carreaux bleu de Chine et blanc.*

***Seite 149:** Jim, Inès' hellbrauner Hund, auf seinem blauen, mit Batikstoff aus Java bezogenen Lager. Inès sammelt mit Leidenschaft Stoffe, eine Vorliebe, die sie, wie sie sagt, von ihrer Großmutter geerbt hat.*
***Diese Doppelseite:** Die Wandvertäfelung aus dem 18. Jahrhundert, die den Salon ziert, stammt aus einem französischen Kloster und ist in Himmelblau gehalten. Als Vorhänge dienen blau, elfenbeinfarbig und blaßgelb karierte Taftbahnen. Die Stühle im Stil Gustavs III. und die porzellanblau und weiß karierten Bezugsstoffe im Schlafzimmer sind traditionelle schwedische Elemente.*

Decorator Jacques Garcia bought this 18th century mansion in the Marais about 10 years ago. Jules Hardouin-Mansart (1646–1708), one of the greatest of France's royal architects and the main designer of Versailles, built it for himself. Garcia's interior is unique to Paris: royal, rare and truly precious pieces have been assembled, restored and arranged in such a way it is hard to believe that, when he moved in, the piano nobile was an empty shell, with only the extraordinary painted ceilings to evoke its grandiose past. This penchant for the fabulous distinguishes Garcia's work: he has been collecting antiques since he was fifteen and he adores the shameless extravagance of French taste at its height. He has become an envied expert on all things royal and loves to restructure and restore. The Hôtel Mansart, however, despite looking like an historical monument, is not lacking in humour, incorporating, as it does, a certain element of pastiche.

Jacques Garcia

Le décorateur Jacques Garcia a acheté cet hôtel particulier du 18e siècle dans le Marais il y a une dizaine d'années. Il a été construit, pour son usage personnel, par Jules Hardouin-Mansart (1646–1708), un des plus célèbres architectes royaux qui donna à Versailles son aspect définitif. L'appartement de Garcia est unique: des pièces rares, extrêmement précieuses ont été réunies, restaurées et disposées d'une telle manière qu'il est difficile d'imaginer que lorsqu'il emménagea, le piano nobile n'était qu'une coquille vide avec un extraordinaire plafond peint, seul vestige de son histoire grandiose. C'est ce goût pour le fabuleux qui caractérise le travail de Garcia. Il collectionne les objets anciens depuis l'âge de quinze ans et adore les outrances et les extravagances du goût français du Grand Siècle. Mais tout monument historique qu'il soit, l'hôtel Mansart ne manque pas d'humour et ne refuse pas le pastiche.

Der Innenarchitekt Jacques Garcia erwarb dieses im Marais gelegene herrschaftliche Haus aus dem 18. Jahrhundert vor rund zehn Jahren. Jules Hardouin-Mansart (1646–1708), einer der bedeutendsten königlichen Baumeister und der wichtigste Architekt des Schlosses von Versailles, hatte es einst für sich selbst erbaut. Garcias Inneneinrichtung hat in Paris nicht ihresgleichen: Er hat prächtige, seltene und wirklich wertvolle Stücke zusammengetragen, restauriert und so arrangiert, daß man sich nur schwer vorstellen kann, daß bei seinem Einzug die Beletage kaum mehr als eine leere Hülle war, bei der allein die ungewöhnlichen Deckenmalereien an die einzigartige Vergangenheit erinnerten. Diese Vorliebe für märchenhafte Pracht ist typisch für Garcias gesamtes Schaffen: Er begann schon als Fünfzehnjähriger, Antiquitäten zu sammeln, und liebt die schamlose Extravaganz, die den französischen Geschmack zu seiner Glanzzeit auszeichnete. Garcia ist heute ein gesuchter Fachmann für alles Prunkvolle. Obwohl das Hotel Mansart etwas unübersehbar Historisches hat, so fehlt hier doch keineswegs der Sinn für Humor, und etwas Persiflage ist wohl auch dabei.

Previous pages: *the vestibule, with its original flagstone floor and stone staircase. The lanterns are in tin and were brought back from a journey to Morocco. The velvet "niches à chien" were made for Garcia's two dogs, who consistently refuse to sleep in them.*
Above: *view of the entrance hall, with a ceiling painted by Jean-Charles Delafosse and Michel Corneille and a colonnade of faux pilasters. Between the fleur-de-lis patterned hangings from the Palais des Tuileries there is a trompe-l'œil figure of Hercules. Of the two porphyry busts on the right, one has since been returned to its original home in the Galerie des Glaces at Versailles. The Gobelins tapestry represents "Water" and is by Charles Le Brun (1619–1690).*

Pages précédentes: *le vestibule avec son sol dallé d'origine et l'escalier en pierre. Les lanternes en étain ont été achetées au cours d'un voyage au Maroc. Les niches en velours ont été faites pour les deux chiens de la maison, qui refusent obstinément d'y dormir.*
Ci-dessus: *une vue de l'entrée avec un plafond peint par Jean-Charles Delafosse et Michel Corneille et une colonnade de faux pilastres. Entre les tentures du palais des Tuileries aux motifs de fleur de lys, une peinture d'Hercule en trompe-l'œil. L'un des deux bustes en porphyre, sur la droite, a réintégré sa demeure originale, la Galerie des Glaces de Versailles. La tapisserie des Gobelins, brodant sur le thème de l'eau, est de Charles Le Brun (1619–1690).*

Vorhergehende Doppelseite: *das Vestibül mit dem ursprünglichen Fliesenboden und der steinernen Treppe. Die Zinnlaternen sind Souvenirs einer Marokkoreise. Die samtbezogenenen »niches à chien« wurden eigens für Garcias Hunde angefertigt, die sich jedoch beharrlich weigern, darin zu schlafen.*
Oben: *die Eingangshalle mit einem Deckengemälde von Jean-Charles Delafosse und Michel Corneille sowie einer vorgetäuschten Säulenkolonnade. Zwischen den Vorhängen mit Bourbonenlilienmuster aus dem Palais des Tuileries erkennt man eine Herkulesfigur in Trompe-l'œil-Technik. Eine der beiden Porphyrbüsten auf der rechten Seite ist mittlerweile in ihr ursprüngliches Domizil, den Spiegelsaal von Versailles, zurückgekehrt. Der Gobelin von Charles Le Brun (1619–1690) trägt den Titel »Wasser«.*

Below left: *a 16th century Italian bust in white marble representing "Winter" is set against the bright yellow silk curtains of the entrance hall.*
Below right: *view of the library through the œil-de-bœuf window in the small salon.*

Ci-dessous à gauche: *un détail du buste italien du 16e siècle en marbre blanc représentant «L'hiver», contre les rideaux en soie jaune vif de l'entrée.*
Ci-dessous à droite: *la bibliothèque vue à travers l'œil-de-bœuf du petit salon.*

Links unten: *eine im 16. Jahrhundert in Italien entstandene weiße Marmorbüste mit dem Titel »Winter« vor den leuchtendgelben Seidenvorhängen der Eingangshalle.*
Rechts unten: *ein Blick in die Bibliothek durch das Rundfenster im kleinen Salon.*

Above: *view of the salon, where the 17th century Brussels tapestries and the ceiling are both by Charles Le Brun and depict the months of the year and the signs of the zodiac. The Savonnerie carpets are from a set of 93 commissioned for the Louvre by Louis XIV.*
Right: *view into the bedroom, previously the chamber of the Duchess de Mouchy, lady-in-waiting to Marie Antoinette, with a ceiling painted by Pierre Mignard (1612–1695). The bed "à la polonaise" is by Georges Jacob (1739–1814) and, like most of the other fittings in the room, is Louis XVI. In the foreground is a 17th century desk by André Charles Boulle (1642–1732), desk-top bookcase in inlaid wood and a Louis XIV armchair.*

Ci-dessus: *le salon où les tapisseries et le plafond (dépeignant les mois de l'année et les signes du zodiaque) sont de Charles Le Brun. Les tapis de la Savonnerie faisaient partie d'un ensemble de 93 pièces commandées par Louis XIV pour le Louvre.*
A droite: *perspective sur la chambre à coucher qui fut celle de la duchesse de Mouchy, dame d'honneur de Marie-Antoinette, avec un plafond peint par Pierre Mignard (1612–1695). Le lit à la polonaise est de Georges Jacob (1739–1814) – de style Louis XVI, comme la plupart des autres objets de cette pièce. Au premier plan, un secrétaire d'André Charles Boulle (1642–1732), 17e siècle, avec un casier à livres en bois marqueté et un fauteuil Louis XIV.*

Oben: *Blick in den Salon. Die Brüsseler Wandteppiche aus dem 17. Jahrhundert sowie das Deckengemälde sind von Charles Le Brun und stellen die Monate des Jahres und die Sternzeichen dar. Die Savonnerie-Teppiche gehören zu einer Serie von 93 Teppichen, die ursprünglich von Louis XIV. für den Louvre in Auftrag gegeben wurden.*
Rechts: *ein Blick in das Schlafzimmer, das ehemalige Zimmer der Herzogin von Mouchy, eine der Hofdamen von Marie Antoinette. Das Deckengemälde schuf Pierre Mignard (1612–1695). Das Bett »à la polonaise« von Georges Jacob (1739–1814) stammt wie die meisten Einrichtungsgegenstände in diesem Zimmer aus der Zeit Louis' XVI. Im Vordergrund sieht man einen Sekretär von André Charles Boulle (1642–1732) mit intarsiertem Regalaufsatz wiederum aus dem 17. Jahrhundert sowie einen Louis XIV.-Sessel.*

Left: *the bathroom, with 17th century embroidered damask screens concealing the fixtures and shower. The porcelain basin belonged to François de Chateaubriand. The room itself is arranged like a small, intimate sitting room.*
Above: *a detail of Garcia's mahogany desk by Jean-Henri Riesener (1734–1806) in the bedroom, with a collection of 18th century porcelain figures from Sèvres, photographs and work in progress. The drawers, covered with green embossed leather, were originally designed for the economist Jacques Turgot .*

A gauche: *la salle de bains avec des paravents en damas brodé 17e qui cachent les appareils et la douche. La bassine en porcelaine appartenait à François de Chateaubriand. La pièce est organisée comme un véritable petit boudoir.*
Ci-dessus: *le bureau en acajou de Jean-Henri Riesener (1734–1806) dans la chambre à coucher et une collection de biscuits de Sèvres du 18e siècle, des photographies et des projets. Les deux tiroirs couverts de cuir repoussé furent réalisés pour l'économiste Jacques Turgot.*

Links: *das Badezimmer mit Wandschirmen aus besticktem Damast (17. Jahrhundert), hinter denen sich die Dusche und andere sanitäre Anlagen verbergen. Das Porzellanbecken zählte einst zum Besitz von François de Chateaubriand. Das Zimmer selbst ist eingerichtet wie ein kleiner behaglicher Wohnraum.*
Oben: *im Zentrum des Bildes Garcias Mahagonischreibtisch aus der Werkstatt von Jean-Henri Riesener (1734–1806). Er steht im Schlafzimmer und beherbergt Porzellanfiguren aus Sèvres (18. Jahrhundert), Fotografien sowie laufende Arbeiten. Die grünen, mit geprägtem Leder bezogenen Schubfächer waren ursprünglich für den Finanzminister Jacques Turgot bestimmt.*

Yves Gastou is a gallerist noted for the enthusiasm with which he promotes avant-garde design, displaying new creations in his gallery on the Rue Bonaparte alongside pieces by early 20th century artists. He moved to Paris from Toulouse and lives with his family in a typical boulevard apartment in the 9th arrondissement. Gastou adores the area because of its literary connotations: Marcel Proust, Victor Hugo, George Sand, Emile Zola… all lived here, the neighbourhood being fashionable with many of the intellectuals of the 19th century. It is now a lively Parisian quarter, busier and more bustling than most, with large, well-proportioned Haussmann buildings and spacious apartments such as this.

Yves Gastou

L'enthousiasme avec lequel Yves Gastou défend le design contemporain fait de lui un grand marchand d'art; dans sa galerie de la rue Bonaparte, il expose sans cesse de nouvelles créations à côté d'œuvres du début du siècle. Il a quitté Toulouse pour la capitale et habite, avec sa famille, un appartement typiquement parisien du IXe arrondissement. C'est un coin de Paris que Gaston adore pour ses connotations littéraires. Beaucoup d'écrivains y ont vécu lorsque c'était à la mode au 19e siècle: Marcel Proust, Victor Hugo, George Sand, Emile Zola. C'est aussi un quartier très vivant, plus animé que bien d'autres, avec de beaux immeubles haussmanniens aux harmonieuses proportions.

Als Galerist ist Yves Gastou bekannt für seinen Enthusiasmus, mit dem er sich für avantgardistisches Design einsetzt: in seiner Galerie in der Rue Bonaparte stellt er zeitgenössische Kreationen zusammen mit Arbeiten von Künstlern aus dem frühen 20. Jahrhundert aus. Ursprünglich kommt er aus Toulouse und wohnt heute mit seiner Familie in einer typischen Boulevardwohnung im 9. Arrondissement. Gastou liebt dieses Viertel besonders wegen seiner kulturhistorischen Bezüge: Marcel Proust, Victor Hugo, George Sand, Emile Zola und viele andere Intellektuelle des 19. Jahrhunderts haben hier gelebt. Abgesehen davon ist es auch ein sehr lebendiges Pariser Viertel, mit vielen Gesichtern und geschäftig wie kaum ein anderes. Charakteristisch sind seine großen, wohlproportionierten Haussmann-Bauten wie der, in dem Gastou lebt.

Above: the grille is by Gilbert Poillerat, a master metalsmith of the 30s and 40s. The Aubusson carpet is by Lucien Coutand, one of Christian Bérard's contemporaries.
Right: view of the hallway.

Ci-dessus: la grille est de Gilbert Poillerat, un maître ferronnier des années 30/40. Le tapis d'Aubusson a été dessiné par Lucien Coutand, un peintre contemporain de Christian Bérard.
A droite: vue sur la vestibule.

Oben: Das Türgitter stammt von Gilbert Poillerat, einem Meister der Schmiedekunst aus den dreißiger und vierziger Jahren. Der Aubusson-teppich ist eine Arbeit von Lucien Coutand, einem Zeitgenossen Christian Bérards.
Rechts: Blick in die Diele.

A view of the salon with gracious proportions and glazed doors. The carpet is an Yves Gastou edition of an André Dubreuil design. The sofa is by Marc du Plantier, circa 1935. Both coffee table and the wall bracket are by Gilbert Poillerat in wrought iron and gold leaf; the heads are by Raymond Delamarre.

Vue du salon aux proportions élégantes avec ses portes vitrées. Le tapis est l'édition d'Yves Gastou d'un modèle d'André Dubreuil. Le canapé de Marc du Plantier date de 1935, environ. La table basse et la console de Gilbert Poillerat sont en fer forgé avec application de feuille d'or. Les têtes sont signées Raymond Delamarre.

Ein Blick in den Salon mit seinen eleganten Proportionen und den verglasten Türen. Den Teppich hat Yves Gastou nach einem Original von André Dubreuil neu anfertigen lassen. Das Sofa von Marc du Plantier entstand um 1935. Couchtisch und Wandkonsole, beide aus Schmiedeeisen mit Blattgold, sind Werke von Gilbert Poillerat; die Köpfe hat Raymond Delamarre geschaffen.

Above: *the dining is a homage to Poillerat, who designed all the furnishings.*
Following pages: *two details of Gastou's arrangements that juxtapose mostly 40s' sculpture. The fragment on the wall is by Alfred Janniot, who worked on the monumental Palais de Tokyo, near the Place du Trocadéro.*

Ci-dessus: *la salle à manger, est un hommage à Poillerat qui a fait tout le mobilier.*
Pages suivantes: *deux compositions que Gastou a conçues essentiellement à partir de sculptures des années 40. Le motif au mur est d'Alfred Janniot, qui a travaillé au monumental Palais de Tokyo, près de la place du Trocadéro.*

Oben: *Das Eßzimmer ist eine Hommage an Poillerat, der sämtliche Einrichtungsgegenstände entworfen hat.*
Folgende Seiten: *zwei Detailaufnahmen bildhauerischer Arbeiten hauptsächlich aus den vierziger Jahren, die Gastou kunstvoll arrangiert hat. Das Fragment an der Wand stammt von Alfred Janniot, der am Bau des monumentalen Palais de Tokyo in der Nähe des Place du Trocadéro beteiligt war.*

Living on a typically Parisian barge on the Seine is a romantic choice: to the comforts of the central location can be added the undeniable charm of chugging off up-river at weekends. Sculptor Michel Gayout has restored his 1920s' "péniche" as a tribute to Captain Nemo's "Nautilus", in cartoon colours and with a certain theatrical panache. The craft has been transformed into a 200 m² apartment-cum-studio with a layout reminiscent of a loft; there is even a skylight, which compensates for the tiny portholes and contributes to the sense of space.

Michel Gayout

Vivre au bord d'une péniche sur la Seine à Paris, c'est bénéficier des avantages qu'offre un appartement confortable au cœur de la ville et avoir la possibilité, le week-end venu, de vagabonder au fil de l'eau. Le sculpteur Michel Gayout est de ceux-là. Avec ses couleurs vives et ses mille détails insolites, la péniche des années 20 qu'il a restaurée (en pensant au Nautilus du capitaine Nemo) a un petit côté bande dessinée fort sympathique. Le tour de force a été d'aménager un loft-atelier de 200 m² dans ce qui était au départ une simple cale. Comme les minuscules hublots ne donnaient pas assez de clarté, Gayout a fait percer le pont de sa péniche d'une grande verrière assez inattendue qui inonde les espaces de lumière.

Wer sich für ein Leben auf einem Pariser Hausboot auf der Seine entscheidet, liebt es romantisch, mit allen Annehmlichkeiten einer zentralen Wohnlage und der wundervollen Möglichkeit, wochenends den Fluß hinaufzuschippern. Als der Bildhauer Michel Gayout seine »péniche« aus den zwanziger Jahren in Comicfarben und mit einem gewissen Sinn für Theatereffekte restaurierte, zollte er der »Nautilus« von Kapitän Nemo Tribut. Das Schiff wurde in eine 200 m²-Atelierwohnung umgewandelt, deren Aufteilung an ein Loft erinnert; es gibt sogar ein Oberlicht, das für die winzigen Bullaugen entschädigt und zusätzlich das Gefühl von Weitläufigkeit vermittelt.

Rural charm on the Parisian "quais": traditional barges are anchored along the length of the Seine as it flows through the city.

La campagne sur les quais de Paris. Des péniches ventrues sont sagement alignées tout le long de la Seine.

Ländlicher Charme an den Quais von Paris: Am Seineufer in der gesamten Stadt haben die traditionellen Flußboote festgemacht.

Above and left: *several views of the péniche. Graphic use of candy colours adds to the impact of the reconverted space. Wood embossed with false "screw-heads", that evokes metal panelling, continues the "Captain Nemo" theme.*

Ci-dessus et à gauche: *plusieurs vues de la péniche. L'utilisation audacieuse de teintes bonbon met les espaces en valeur. Le bois clouté, qui évoque les cloisons métalliques d'un navire, prolonge le thème du Nautilus.*

Oben und links: *einige Ansichten des Bootes. Krasse Bonbonfarben lassen das Innere zu neuem Leben erwachen. Das Holz wirkt durch die nachgeahmten Nieten wie eine Metallvertäfelung und greift das »Nautilus«-Thema auf.*

If you take the lift right to the top of the very bourgeois building in the 17th arrondissement where photographer Jean-Pierre Godeaut has his studio and apartment, you have to climb a further flight of winding wooden stairs, through a tiny door straight out of "Alice in Wonderland". His space has been literally carved out from under the eaves, joining up five "chambres de bonne" (maid's rooms) and three attics. The apartment is a warren of small rooms on two floors. The sloping roofs remind Godeaut, who was aesthetically influenced for life by a long, luxurious childhood in Egypt, of a tent under the stars. He very much wanted an apartment that was un-Parisian in structure, but from which he could see all of the city and – most important of all – a huge expanse of sky. There are curious juxtapositions of objects: from pebbles and desert sand to a vase by Picasso placed among flea market finds.

Jean-Pierre Godeaut

Si vous prenez l'ascenseur jusqu'au dernier étage de l'immeuble très bourgeois du XVIIe arrondissement où Jean-Pierre Godeaut a installé son studio et son appartement, il vous faudra grimper encore quelques marches d'un raide escalier de bois avant de pousser la petite porte directement issue du «Pays des merveilles d'Alice». L'espace a été littéralement creusé sous les combles, réunissant cinq anciennes chambres de bonne et trois greniers. L'appartement, composé d'un enchevêtrement de petites pièces, s'étend sur deux étages. Godeaut, dont l'esthétique a été marquée par une voluptueuse enfance passée en Egypte, voit dans les toits en pente une tente à la belle étoile. Il voulait absolument un appartement d'où il pourrait avoir une large vue sur la ville et, surtout, sur le ciel. Partout se côtoient des objets, depuis les pierres et le sable du désert jusqu'au vase de Picasso, sans parler de ses mille trouvailles chez les brocanteurs.

Wohnung und Atelier des Fotografen Jean-Pierre Godeaut liegen in einem durch und durch bürgerlichen Wohnhaus im 17. Arrondissement. Um zu ihm zu gelangen, fährt man zunächst mit einem Aufzug bis ganz nach oben, danach steigt man eine hölzerne Wendeltreppe empor und tritt durch eine winzige Tür, die aus »Alice im Wunderland« zu stammen scheint. Seine Wohnung ist buchstäblich den Dachsparren abgerungen, wobei fünf »chambres de bonne« (Mädchenzimmer) und drei Mansarden miteinander verbunden wurden. Die Wohnung besteht aus einem Labyrinth von kleinen Zimmern auf zwei Etagen. Godeaut, den seine Kindheit in Ägypten für das ganze Leben ästhetisch geprägt hat, erinnern die schrägen Wände seines Domizils an ein Zelt unter dem Sternenhimmel. Er wollte unbedingt eine Wohnung, die in der Aufteilung untypisch für Paris war, von der aus er die ganze Stadt überblicken und – vor allen Dingen – die Weite des Himmels genießen konnte. Es finden sich sehr eigenwillige Zusammenstellungen von Gegenständen: neben Kieselsteinen oder Wüstensand entdeckt man eine Vase von Picasso inmitten von Flohmarktschätzen.

Page 170: *view of the bedroom hidden by an antique Egyptian screen, with a chair by designer Eric Schmitt in the foreground and on the wall a photograph of Josephine Baker, taken in Berlin in the 30s, and a "ready-made" by Jacques Fivel.*
Above: *view of the kitchen, with an accumulation of souvenirs and art objects. The chairs are from the 1930s.*

Page 170: *la chambre à coucher cachée par un ancien moucharabieh égyptien; au premier plan, une chaise dessinée par Eric Schmitt; au mur, une photographie de Joséphine Baker prise à Berlin dans les années 30 et un «ready-made» de Jacques Fivel.*
Ci-dessus: *la cuisine pleine de souvenirs et d'objets d'art. Les chaises sont des années 30.*

Seite 170: *ein Blick in das Schlafzimmer, das hinter einem antiken ägyptischen Wandschirm verborgen liegt. Davor steht ein Stuhl von Eric Schmitt, und an der Wand hängt ein Foto Josephine Bakers, das in den dreißiger Jahren in Berlin aufgenommen wurde, sowie ein »Ready-made« von Jacques Fivel.*
Oben: *die Küche mit einer Ansammlung von Souvenirs und Kunstgegenständen. Die Stühle stammen aus den dreißiger Jahren.*

Above: *made-to-measure bookcase by Christian Liaigre in pale oak and a bamboo library ladder, providing access to part of Godeaut's collection of art books and magazines. There is a small Syrian table with mother-of-pearl inlay in the foreground and a view of the studio with the red and yellow arms of Cardinal Richelieu, that were originally fittings for a shop.*
Right: *detail of the œil-de-bœuf window, with a 19th century museum copy of David challenging Goliath in the foreground.*

Ci-dessus: *la bibliothèque en chêne, faite sur mesure par Christian Liaigre; l'échelle en bambou permet d'accéder aux rayonnages bourrés de livres et de revues d'art. Au premier plan, une petite table syrienne avec des incrustations de nacre et, au fond, une perspective sur le studio avec les armoiries jaune et rouge du cardinal de Richelieu conçues, au départ, pour une boutique.*
A droite: *détail de l'œil-de-bœuf. Au premier plan, une copie de musée du 19e siècle du combat de David contre Goliath.*

Oben: *ein maßgefertigtes Bücherregal von Christian Liaigre in heller Eiche mit einer Leiter aus Bambus, die Zugang zu einem Teil der Godeautschen Sammlung von Kunstbänden und Zeitschriften gewährt. Im Vordergrund steht ein kleiner syrischer Tisch mit Einlegearbeit aus Perlmutt, und dahinter blickt man in das Atelier mit dem rot-gelben Wappen des Kardinals Richelieu, das ursprünglich Teil einer Ladeneinrichtung war.*
Rechts: *Detailaufnahme mit dem Rundfenster. Im Vordergrund eine Museumskopie aus dem 19. Jahrhundert: David, der Goliath zum Kampf herausfordert.*

SERT
ROME LA PIERRE ET L'EAU

Jacques Grange may be the epitome of French style; the decorator extraordinaire, whose very name is synonymous with chic interiors but who has been transcended in his own home by a French icon whose fame is even greater than his own: Colette. He lives in the first-floor apartment where she sat writing on her blue paper under her blue lamp at the window overlooking the Palais Royal. Grange's seductive interior, where he has nonchalantly combined curios with furniture from all epochs, and the memory of the fabulously bohemian Colette, together conspire to create an atmosphere of rigorous frivolity. Grange's major influences – the sobriety of Jean-Michel Frank, the extravagance of Marie-Laure de Noailles, the amazing eye of Madeleine Castaing – combine in his apartment to evoke a very 19th century atmosphere, created with largely 20th century pieces.

Jacques Grange

Jacques Grange représente sans doute l'épitomé du goût français. Le seul nom de cet extraordinaire décorateur est synonyme de chic mais chez lui, c'est l'aura de Colette qui prédomine. Il vit dans l'appartement du premier étage où elle écrivait sur son papier bleu, à la lumière de son fanal bleu, devant la fenêtre donnant sur le Palais Royal. Dans son intérieur irrésistible, Grange a su allier avec légèreté des objets de curiosité à des meubles de diverses époques. Fidèle à la mémoire de Colette, cette extraordinaire nature bohème qui aimait tant la vie, il a réussi à créer une atmosphère aussi frivole que rigoureuse. Les influences majeures de Grange – la sobriété de Jean-Michel Frank, l'extravagance de Marie-Laure de Noailles, l'œil étonnant de Madeleine Castaing – composent ici une atmosphère très dix-neuvième-siècle malgré la présence de nombreuses pièces contemporaines.

Jacques Grange gilt als Inbegriff eines zeitgenössischen französischen Stils. Er ist die überragende Gestalt unter den Innenarchitekten, und sein Name allein schon ist zum Synonym für geschmackvoll eingerichtete Wohnungen geworden. Doch in seinem eigenen Zuhause muß er einer anderen französischen Berühmtheit den Vorrang einräumen, deren Ansehen noch größer ist als sein eigenes: Colette. Er lebt in ihrer Wohnung im ersten Stock, in der sie im Schein ihrer Lampe ihr blaues Papier beschrieb, den Blick aus dem Fenster auf den Palais Royal gerichtet. Granges verführerisches Interieur, Kuriosa und Möbelstücke aus allen Epochen, die er gekonnt arrangiert, und die Erinnerung an Colette, die Schriftstellerin der Bohème, deren Lebenslust Legende war, verbinden sich zu einer geradezu frivolen Stimmung. Der nüchterne Stil von Jean-Michel Frank, die Extravaganz von Marie-Laure de Noailles und das Adlerauge von Madeleine Castaing – Hauptquellen für Granges Inspiration – erzeugen in seiner Wohnung eine Atmosphäre, in der man fast überall den Geist des 19. Jahrhunderts zu spüren meint, obwohl beinahe alle Stücke aus dem zwanzigsten stammen.

Previous pages: *Colette's view of the Palais Royal, with the classic striped blinds one always finds on French national monuments, ministries and suchlike. The brown day bed in the corner of the salon is a favourite spot for reading. The detail is of a portrait of Colette by Irving Penn.*
Above: *the salon is dominated by a terribly neo-18th century tapestry made by Boiceau for Princess Bibesco in the 30s. The armchairs are by Paul Iribe and the painting on the right is a wonderful self-portrait by Christian Bérard.*
Right: *view of the library that leads through from the living room to the dining room. The portrait is 18th century, the drawing over the door is by Bérard, the bronzes are from the 50s and the chair in the foreground was designed by Emilio Terry in the mid-thirties.*
Following pages: *books and pictures in the bedroom.*

Pages précédentes: *vue de l'appartement de Colette sur le Palais Royal avec le store classique rayé que l'on retrouve dans bien des édifices français. Le lit de repos brun capitonné invite à la lecture. En bas à droite le portrait de Colette par Irving Penn.*
Ci-dessus: *le salon dominé par une tapisserie style dix-huitième, faite par Boiceau pour la princesse Bibesco dans les années 30. Les fauteuils sont de Paul Iribe et le tableau, à droite, est un bel autoportrait de Christian Bérard.*
A droite: *la bibliothèque, entre le salon et la salle à manger. Le portrait est du 18e siècle, le dessin sur la porte de Bérard, les bronzes datent des années 50 et la chaise, au premier plan, a été dessinée par Emilio Terry vers 1935.*
Pages suivantes: *livres et photos dans la chambre à coucher.*

Vorhergehende Seiten: *Colettes Ausblick auf den Palais Royal mit klassisch gestreiften Jalousien vor dem Fenster, die allen französischen Ministerien und dergleichen eigen sind. Das braune Polstersofa in der Ecke des Salons lädt zur Lektüre ein. Das Detail zeigt ein Porträt Colettes von Irving Penn.*
Oben: *Das Wohnzimmer wird von einem übertrieben neoklassisch wirkenden Wandteppich beherrscht, den Boiceau in den dreißiger Jahren für die Prinzessin Bibesco fertigte. Die Sessel schuf Paul Iribe, und das Gemälde rechts ist ein einfach wundervolles Selbstporträt Christian Bérards.*
Rechts: *Blick in die Bibliothek, die Wohn- und Eßzimmer miteinander verbindet. Das Porträt stammt aus dem 18. Jahrhundert, die Bronzen hingegen sind Arbeiten aus den fünfziger Jahren. Die Zeichnung über der Tür ist ein Werk Bérards, und den Stuhl im Vordergrund entwarf Emilio Terry Mitte der Dreißiger.*
Folgende Seiten: *Bücher und Gemälde in Granges Schlafzimmer.*

DECORATION
Manet
LES GRANDS OPERAS
LIBERMAN
ET
A LA TABLE DE GEORGE SAND
Tuinen in België
ROBERT MAPPLETHORPE
L'Art de Vivre

Edmonde Charles-Roux
Madame Palatine

ENGLISH ELEGANCE
COUNTRY MANORS OF PORTUGAL
CHURCHES OF PORTUGAL
CHRISTIES
DROUOT

Three years ago, when fashion designer Michel Klein first visited this apartment, it was sad and colourless, but he liked the proportions and the distribution of the rooms, which he compares to a hotel suite with all the rooms leading off from each other and with no long corridors, unusual for a boulevard apartment. Moving to the 9th arrondissement was a big step, as Michel was born and brought up on the Left Bank. He loved the way light poured into his new home, however, the double doors and the working fireplaces. He soon transformed the space beyond recognition by painting each room a saturated colour and by hanging coloured curtains that filtered the light, changing the atmosphere completely and shutting out the characteristic Parisian greyness.

Michel Klein

Quand le couturier Michel Klein a visité pour la première fois cet appartement, il y a trois ans, il l'a trouvé triste et gris mais ses proportions lui ont plu. Il a aussi beaucoup aimé la distribution des pièces, toutes en enfilade et sans long couloir, qui lui faisait penser à une suite d'hôtel. Pour Michel, qui est né et a grandi rive gauche, s'installer dans le IXe arrondissement était franchir un grand pas mais il a été immédiatement séduit par la double exposition de son nouvel intérieur. En choisissant pour chaque pièce une couleur saturée, en accrochant aux fenêtres des rideaux qui jouent gaiement avec la lumière, il a barré la route à la grisaille parisienne et a créé une atmosphère entièrement nouvelle et personnelle.

Als der Modeschöpfer Michel Klein diese Wohnung vor drei Jahren zum ersten Mal betrat, wirkte sie trist und farblos, doch ihm gefielen die Proportionen und die Raumaufteilung, die er mit einer Hotelsuite vergleicht: Die Zimmer sind alle direkt miteinander verbunden, und es fehlen die für viele Boulevardwohnungen typischen langen Flure. Der Umzug ins 9. Arrondissement war ein Einschnitt in Michels Leben, denn er ist am linken Ufer geboren und aufgewachsen. Aber er liebte die nach zwei Seiten hin offene Lage seiner neuen Wohnung ebenso wie die funktionstüchtigen Kamine. Schon bald gab er dem Appartement ein vollkommen neues Gesicht, indem er alle Zimmer in kräftigen Farben strich und bunte Gardinen aufhängte, die das Licht filterten – so schuf er eine völlig andere Atmosphäre und verbannte das ansonsten übliche Pariser Grau nach draußen.

Page 180: *the focal point of the yellow salon is the marble fireplace. The two handsome candelabra were a present from photographer Bettina Rheims.*
Above: *two architect's work tables from the 40s in pearwood and formica are set against the wall, and an amusing clutter of objects includes a 19th century shell stool and an armchair with the same motif.*

Page 180: *le principal point d'attraction du salon jaune est la cheminée en marbre. Les deux magnifiques chandeliers sont des cadeaux offerts par la photographe Bettina Rheims.*
Ci-dessus: *deux tables d'architecte des années 40 en bois de poirier et formica sont disposées contre le mur; autour, une exquise accumulation d'objets, dont un tabouret du 19e siècle et un fauteuil s'inspirant du même motif décoratif.*

Seite 180: *Der Kamin aus Marmor bildet den Mittelpunkt des gelben Salons. Die beiden eindrucksvollen Kerzenleuchter sind ein Geschenk der Fotografin Bettina Rheims.*
Oben: *Zwei Architekten-Arbeitstische aus den vierziger Jahren aus Birnbaum und Resopal fungieren als Wandkonsolen; in der amüsanten Sammlung verschiedenster Gegenstände entdeckt man einen muschelförmigen Hocker aus dem 19. Jahrhundert sowie einen Lehnstuhl mit dem gleichen Motiv.*

View of the taffeta-draped windows in the living room. The desk is 19th century and the cane armchair is 18th century, a flea market find. The sofa on the right, which is Louis XV, has been transformed with white paint and is now upholstered in indigo Japanese cotton. Bookshelves, which Michel adores and had made to his specifications, line the walls.

Vue des fenêtres drapées de taffetas. Le bureau est du 19e siècle et le fauteuil canné, trouvé dans un marché aux puces, du 18e siècle. A droite, le canapé Louis XV a été transformé par une couche de peinture blanche et retapissé d'un coton japonais indigo. Les murs sont garnis de bibliothèques; Michel, qui les adore, les a fait faire sur mesure.

Blick in das Wohnzimmer. Der Sekretär stammt aus dem 19. Jahrhundert. Der Korbsessel aus dem 18. Jahrhundert ist ein Flohmarktfund. Das Louis XV.-Sofa rechts erhielt durch einen weißen Anstrich ein neues Gesicht und ist jetzt mit indigofarbener japanischer Baumwolle bezogen. Den Bücherregalen an den Wänden gilt Michels besondere Liebe, sie wurden nach seinen Vorstellungen eigens angefertigt.

***Above:** view of the kitchen, painted in absinth green with several contemporary paintings by Guèla, Scali and Royer. Michel spends a lot of time in his kitchen, and wanted it to be a very convivial room. Guests gather round the metal table on garden chairs and chat while he cooks.*
***Right:** view of the "enfilade" of doors, with an uncomfortable looking chair that Michel bought at the market 15 years ago and still loves.*

***Ci-dessus:** la cuisine peinte en vert absinthe avec plusieurs toiles contemporaines de Guèla, Scali et Royer. Comme Michel passe beaucoup de temps dans cette pièce, il a souhaité en faire un lieu convivial. Ses invités s'assoient sur les chaises de jardin autour de la table métallique et conversent tandis qu'il fait la cuisine.*
***A droite:** belle perspective sur les pièces en enfilade avec une chaise à l'air inconfortable, que Michel a achetée dans une brocante il y a une quinzaine d'années et à laquelle il reste fidèle.*

***Oben:** die absinthgrün gestrichene Küche mit diversen zeitgenössischen Gemälden von Guèla, Scali und Royer. Michel verbringt sehr viel Zeit in seiner Küche und wollte, daß sich auch seine Gäste in ihr wohl fühlen können. Sie sitzen auf den Gartenstühlen rund um den Metalltisch und plaudern, während er das Essen zubereitet.*
***Rechts:** Blick auf die Zimmerflucht. Den unbequem aussehenden Stuhl hat Michel vor fünfzehn Jahren auf dem Markt erstanden, und nach wie vor gefällt er ihm.*

In 1989, the decoration of the Lacroix' Left Bank apartment represented a devil-may-care attitude to the accepted boundaries of good taste. It was an intensely personal project, conceived with the help of Jean-Louis Riccardi and one which influenced many subsequent Paris apartments. The Lacroix' southern panache, combined with an eccentric and decidedly English approach to interior design, has brought forth a whimsical, colourful space that is a little mad but wins you over the moment you step into its friendly clutter. The bright colours aim to recreate a little of Christian's native Arles and chase away the grey Parisian light. Françoise Lacroix then combed the flea markets with the firm resolve not to spend more than 2000 francs on any one piece – and, incredible though it seems, she kept to it!

Christian et Françoise Lacroix

En 1989 la décoration de l'appartement des Lacroix sur la rive gauche, a représenté une provocante transgression des dogmes reconnus du «bon goût». Ce projet, éminemment personnel, conçu avec l'aide de Jean-Louis Riccardi, a été à l'origine d'un véritable renversement de tendance dans les intérieurs parisiens. Le panache méridional de Lacroix allié à une excentricité résolument britannique crée un espace fantaisiste, coloré, un peu fou mais qui vous séduit dès que vous avez franchi la porte de ce lieu plein de chaleur et de charme. Christian souhaitait, par ses couleurs vives, retrouver un peu l'atmosphère de son Arles natale et chasser la grisaille parisienne. Quant à Françoise Lacroix, elle a parcouru les marchés aux puces avec la ferme intention de ne pas dépenser plus de 2000 F par pièce – idée qui avait tout d'une gageure!

Als die Lacroix 1989 ihr Appartement auf dem linken Ufer einrichteten, befürchtete so mancher eine Überschreitung der Grenzen des guten Geschmacks. Es war ein sehr persönliches Konzept, das sie unter Mithilfe von Jean-Louis Riccardi planten und realisierten und das mittlerweile viele Pariser Wohnungen beeinflußt hat. Das südliche Stilgefühl der Lacroix in Verbindung mit einer exzentrischen, ausgesprochen englischen Art der Inneneinrichtung ließ einen launigen, farbenfrohen Wohnraum entstehen: Er wirkt zwar ein wenig seltsam, aber sobald man über die Schwelle in dieses heitere Durcheinander tritt, nimmt es jeden für sich ein. Die kräftigen Farben sollen ein wenig die Atmosphäre von Arles hervorrufen, wo Christian geboren wurde, und das graue, trübe Pariser Licht vertreiben. Als die Wohnung fertig war, klapperte Françoise Lacroix die Flohmärkte ab, fest entschlossen, für kein Stück mehr als 2000 Francs auszugeben – und so unglaublich das klingt, sie blieb ihrem Vorsatz treu!

Page 186: *view of the mint-green corridor with its tartan fitted carpet.*
Above: *the tangerine dining room with an oval English table, chairs from the 40s upholstered in bottle-green leather and a cast iron chandelier from Provence.*
Right: *the detail shows a painted chest of drawers, a lucky early morning find at Staint-Ouen flea market and one of Françoise's favourite pieces.*

Page 186: *le couloir vert menthe avec sa moquette écossaise.*
Ci-dessus: *la salle à manger mandarine avec sa table ovale d'origine anglaise, des chaises des années 40 tapissées d'un cuir vert bouteille et un lustre provençal en fer forgé.*
A droite: *une commode peinte – trouvaille matinale faite aux puces de Saint-Ouen – une des pièces favorites de Françoise.*

Seite 186: *eine Ansicht des mintgrünen Korridors mit dem Teppichboden in Schottenkaros.*
Oben: *das orangerote Eßzimmer mit seinem ovalen englischen Tisch und Stühlen aus den vierziger Jahren, die mit flaschengrünem Leder bezogen sind. Einen markanten Akzent setzt der gußeiserne Leuchter aus der Provence.*
Rechts: *Diese bemalte Kommode fand Françoise frühmorgens auf dem Flohmarkt in Staint-Quen; es ist eines ihrer liebsten Stücke.*

Right: *the "flag" chair in Christian's office.*
Below: *view of the sunshine-yellow living room, Françoise's favourite room.*

A droite: *le siège «drapeau» dans le bureau de Christian.*
Ci-dessous: *le salon jaune soleil, la pièce préférée de Françoise.*

Rechts: *der »Flaggensessel« in Christians Arbeitszimmer.*
Unten: *eine Aufnahme des sonnengelben Salons, Françoises Lieblingszimmer.*

Left and above: *"His" and "Hers" bathrooms, because Françoise likes showers but Christian prefers baths; in oddly assorted tiles which were individually chosen. Françoise's dressing table is an extraordinary piece in mosaic. All the fittings, taps and pipes are antiques, discovered at dawn in the flea markets.*
Following double page: *view of the kitchen, with ox-blood woodwork, colourful tiles and Provençal pottery from the 40s.*

A gauche et ci-dessus: *La salle de bains de Monsieur et celle de Madame car, si Françoise aime les douches, Christian préfère les bains. Les carreaux ont été choisis un à un, et audacieusement assemblés. La table de toilette de Françoise est une extraordinaire mosaïque. Tous les accessoires, robinets et tuyauteries d'époque ont été trouvés aux Puces.*
Double page suivante: *la cuisine avec des boiseries rouge sang-de-bœuf, des carreaux de divers coloris et des poteries provençales des années 40.*

Links und oben: *die Badezimmer für Sie und Ihn, denn Françoise bevorzugt die Dusche, während Christian gerne badet. Den Frisiertisch von Françoise schmückt ein kurioses Mosaik aus verschiedenartigen Kacheln, die einzeln zusammengesucht wurden. Die Wasserhähne und die gesamte Ausstattung sind alte Stücke, im Morgengrauen auf den Flohmärkten entdeckt.*
Folgende Doppelseite: *eine Ansicht der Küche. Das Holz wurde in Ochsenblutrot gestrichen, die farbenfrohen Kacheln und die provenzalischen Töpferwaren aus den vierziger Jahren haben einen besonderen Charme.*

CAFE

Careful lighting ensures that the tassles in the corridor appear magically suspended in an orange glow.

Grâce à un éclairage étudié, les pompons suspendus dans le couloir semblent flotter magiquement dans une lueur orangée.

Sorgfältig kalkulierte Beleuchtungseffekte erwecken den Eindruck, als schwebten die Quasten im Flur wie von Zauberhand im orangefarbenen Licht.

Designer Alexis Lahellec is multi-talented, turning his hand to all kinds of accessories, jewellery and even furniture, which is often magicked out of papier-mâché or recycled odds and ends. Five years ago, he bought a school on the Rue Jean-Jacques Rousseau, in the very centre of Paris. He loved the street immediately: barely a minute's walk from the Louvre, it manages to preserve that village-like atmosphere which is becoming a rarity in the city. He converted the classrooms into a boutique, with an apartment directly above it, which, despite its low ceilings and lack of direct sunlight, has a certain charm. He played with the proportions of the furniture so that everything was very low, in order to produce a visual effect of higher ceilings, and succeeded in creating a unique environment where he has been living ever since.

Alexis Lahellec

Le designer Alexis Lahellec a de multiples talents. Ses divers accessoires, ses bijoux et ses meubles, en papier mâché ou en matériaux recyclés, sont aussi étonnants les uns que les autres. Il y a cinq ans, il a acheté une ancienne école, rue Jean-Jacques Rousseau, au cœur de Paris. Cette rue lui a immédiatement plu pour son atmosphère si particulière: à quelques minutes à pied du Louvre, elle a gardé une sorte d'intimité rare dans une grande capitale. Des salles de classe, il a fait sa boutique tandis que son appartement se trouve juste au-dessus. Malgré les plafonds bas et le manque de soleil, il possède un charme incontestable. Lahellec a choisi des meubles très bas pour donner une impression de plus grande hauteur sous plafond, réussissant ainsi à créer un intérieur original qu'il ne quitterait pour rien au monde.

Der Designer Alexis Lahellec ist vielseitig begabt und entwirft Accessoires aller Art, Schmuck, ja sogar Möbel, die er oft aus Pappmaché oder allerlei sonstigen Materialien zaubert. Vor fünf Jahren hat er ein Schulgebäude an der Rue Jean-Jacques Rousseau gekauft, mitten im Herzen von Paris. Es war Liebe auf den ersten Blick, denn diese Straße verfügt über ein ganz besonderes Flair. Obwohl nur eine knappe Minute zu Fuß vom Louvre entfernt, besitzt sie eine fast dörfliche Atmosphäre, wie man sie in der Innenstadt nur noch selten findet. Die Klassenzimmer hat er zu einer Boutique umgebaut, und unmittelbar darüber liegt die Wohnung, die ihn trotz niedriger Zimmerdecken und einem Mangel an direktem Sonnenlicht von Anfang an bezauberte. Lahellec spielt mit den Proportionen der Möbel, die allesamt sehr niedrig gehalten sind, um die Decken höher erscheinen zu lassen, und es ist ihm gelungen, ein einzigartiges Ambiente zu schaffen, in dem er seither wohnt.

Above: *the black and white bathroom, with a series of cardboard sculptures by "Les Filles Folles", which were originally conceived as a window display. The crucifix is in solid silver and would formerly have been carried in religious processions.*
Right: *view of the salon, with a large Lahellec sculpture in the corner and several pieces from his collection of "psychedelic" furniture in papier-mâché. The painting is by Ernesto and the late 19th century bed has been converted into a sofa. It was discovered at the flea market, as was also the low 1950s' coffee table decorated with the signs of the zodiac.*

Ci-dessus: *la salle de bains toute en noir et blanc et sa série de sculptures en carton, signées «Les Filles Folles», conçues originellement pour une vitrine. Le crucifix, en argent massif, accompagnait jadis les processions.*
A droite: *le salon, avec une grande sculpture de Lahellec et quelques pièces de mobilier en papier mâché de sa collection de meubles «psychédéliques». Le tableau au mur est d'Ernesto et le lit, de la fin du 19e siècle, a été transformé en canapé. C'est une trouvaille de marché aux puces, tout comme la table basse des années 50 dont le plateau est orné des signes zodiacaux.*

Oben: *das schwarzweiße Badezimmer mit einer Reihe von Pappskulpturen von »Les Filles Folles«, die ursprünglich einmal als Schaufensterdekoration gedacht waren. Das Kruzifix aus massivem Silber wurde früher bei religiösen Prozessionen mitgeführt.*
Rechts: *ein Blick in den Salon mit einer großen Skulptur von Lahellec und einigen Stücken seiner »psychedelischen« Möbelkollektion, die aus Pappmaché gefertigt sind. Unter dem Gemälde von Ernesto steht ein Bett aus dem späten 19. Jahrhundert, das als Sofa dient. Lahellec hat es ebenso auf dem Flohmarkt entdeckt wie den niedrigen Tisch mit Sternzeichenmotiven aus den fünfziger Jahren.*

Sheer white wedding saris brought back from southern India dress up the windows and allow light to flood into the gold and cream salon.

De blancs et diaphanes saris de noces, rapportés du sud de l'Inde, habillent les fenêtres, laissant la lumière inonder le salon crème et or.

Hauchzarte weiße Hochzeitssaris, von einer Südindienreise mitgebracht, dienen als Fensterdekoration und lassen das Licht in den gold- und cremefarben gehaltenen Salon strömen.

Erica Lennard is an American photographer who lives in the 9th arrondissement, just behind Place Pigalle. In the 19th century, the area was known as "Nouvelle Athènes" and was home to much of the theatrical, literary and artistic bohemia that included George Sand and Frédéric Chopin. Sunlight pours into the apartment and Erica, with her friend and decorator Roberto Bergero, has chosen to reflect this luminosity with pastel colours and delicate antique furniture and textiles.

Erica Lennard

Erica Lennard, photographe américaine, habite dans le IXe arrondissement de Paris, juste en dessous de la place Pigalle. Au 19e siècle, dans ce quartier surnommé la «Nouvelle Athènes», vivait toute une bohème théâtrale, littéraire et artistique, dont George Sand et Frédéric Chopin. L'appartement d'Erica étant très ensoleillé, elle a décidé avec son ami, le décorateur Roberto Bergero, de jouer la lumière avec des couleurs pastel qui mettent en valeur les meubles délicats et les tissus anciens.

Die amerikanische Fotografin Erica Lennard wohnt im 9. Arrondissement, gleich hinter der Place Pigalle. Im 19. Jahrhundert war diese Gegend unter dem Namen »Nouvelle Athènes« bekannt. Ein Großteil der Theaterleute und der literarischen und künstlerischen Bohème wohnte hier, darunter George Sand und Frédéric Chopin. Sonnenlicht durchflutet das Appartement, und Erica hat es mit dem befreundeten Innenarchitekten Roberto Bergero so gestaltet, daß Pastellfarben, zierliche antike Möbel und zarte Stoffe diese Helligkeit noch steigern.

The effect of the typical 19th century floor plan, with the main rooms leading out of one another, has been reinforced with a continuous pastel colour scheme. The Viennese embroidered cloth on the table, also in the golden tones that predominate in the apartment, was made by Erica's grandmother. The vase and candlesticks are by Roberto Bergero.

La distribution typiquement 19e siècle des pièces en enfilade a été soulignée par une palette continue de tons pastel. Le dessus de table aux broderies viennoises faites dans les tons or qui prédominent dans l'appartement a été exécuté par la grand-mère d'Erica. Les vases et les chandeliers sont de Roberto Bergero.

Die Wirkung der für das 19. Jahrhundert charakteristischen Zimmerfluchten wird noch betont durch die durchgängig verwendeten Pastellfarben. Die bestickte Tischdecke, eine Handarbeit von Ericas Großmutter, ist in denselben Goldtönen gehalten, die in der ganzen Wohnung vorherrschen. Vasen und Kerzenleuchter stammen von Roberto Bergero.

The drapery above the bed was conjured up by Roberto in about twenty minutes from Erica's stock of 18th century and exotic fabrics, which she loves to collect. The curtains are made of a modern brocade turned inside out in order to obtain a richer, faded effect.

Le drapé au-dessus de la tête de lit été créé par Roberto en une vingtaine de minutes à partir de tissus exotiques et de tissus du 18e siècle qu'Erica collectionne avec passion. Les rideaux sont faits de brocarts modernes posés à l'envers pour un effet estompé, plus subtil.

Die Draperie über dem Bett hat Roberto in etwa zwanzig Minuten gezaubert – mit Material aus Ericas Vorräten an Stoffen aus dem 18. Jahrhundert und aus fernen Ländern, die sie mit Begeisterung sammelt. Die Vorhänge sind aus einem modernen Brokat, der mit der Innenseite nach außen verarbeitet wurde, um ihn noch effektvoller zur Wirkung zu bringen.

The pale green bookshelves with photos and books were made to measure. The sofa is covered with a golden-coloured sari and cushions from India.

La bibliothèque vert pâle, remplie de livres et de photos, a été construite sur mesure. Le canapé est recouvert d'un sari couleur safran et de coussins venus d'Inde.

Die blaßgrünen Regale mit Büchern und Fotos sind Maßanfertigungen. Als Sofaüberwurf dient ein goldener Sari, und auch die Kissen stammen aus Indien.

The chairs and table in the dining room are flea market finds that have been re-invented with a liberal application of gold leaf and white paint. The parquet floor has been bleached and varnished mat. The wooden obelisks and the tassle table are by Bergero. The photographs on the walls are Erica's own.

Les chaises et la table de la salle à manger sont des trouvailles du marché aux puces, transformées par une application généreuse de feuilles d'or et de peinture blanche. Le parquet a été blanchi et enduit d'un verni mat pour donner une plus grande clarté. Les obélisques en bois et la table ornée de houppes sont de Bergero. Sur les murs, des photographies prises par Erica.

Die Eßzimmerstühle und der Tisch – alles Fundstücke vom Flohmarkt – sind mit weißer Farbe und großzügig verwendetem Blattgold zu neuer Schönheit erweckt. Der alte Parkettfußboden ist gebleicht und matt lasiert. Die Holzobelisken und den Quastentisch hat Bergero entworfen. Die Fotografien an den Wänden zeigen Arbeiten Ericas.

The 19th century screen was salvaged from a boutique and adds to the very feminine atmosphere of the apartment. The golden tones in the salon warm up the pale green of the adjoining bedroom.

Le paravent du 19e siècle qui faisait partie de la décoration d'une boutique, ajoute une note très féminine à l'atmosphère de la pièce. Les tons dorés du salon réchauffent le vert pâle de la chambre adjacente.

Der in einer Boutique aufgestöberte Paravent aus dem 19. Jahrhundert unterstreicht die ausgesprochen feminine Ausstrahlung der Wohnung. Die Goldtöne im Salon lassen das Blaßgrün des sich anschließenden Schlafzimmers noch wärmer erscheinen.

Left: *various details, including the unusual round bathroom and the "Asian garden" trompe-l'œil paint effects of bamboo plants on the walls of the entrance hall.*
Above: *view of the kitchen in red lacquer, inspired by a visit to Japan and one of the most unexpectedly beautiful rooms in the apartment. As is the custom in Japanese temples, gold leaf has been used on the walls to maximise the effect of the light.*

A gauche: *divers détails dont la salle de bains toute ronde et le «jardin asiatique» avec ses bambous peints en trompe-l'œil sur les murs de l'entrée.*
Ci-dessus: *la cuisine en laque rougeâtre, inspirée par un séjour au Japon, est l'une des pièces les plus belles et les plus étonnantes de l'appartement. Comme dans les temples japonais, les applications de feuille d'or sur les murs subliment les effets de lumière.*

Links: *diverse Einrichtungsdetails, unter anderem das ungewöhnliche runde Badezimmer. Eindrucksvoll ist die an einen asiatischen Garten erinnernde Trompe-l'œil-Bemalung mit Bambuspflanzen an den Wänden des Flurs.*
Oben: *Blick in die rötlich lackierte Küche – die Idee entstand auf einer Japanreise, und das Ergebnis ist der überraschendste und schönste Raum der ganzen Wohnung. Nach Art der japanischen Tempel sind die Wände mit Blattgold verziert, das die Wirkung des Lichts verstärkt.*

"Objets curieux" says the sign on the door of number 60 Rue de Verneuil, where Mony Lintz-Einstein has her gallery, "Epoca", and her garden flat, close by in the 6th arrondissement, overflows with them. The objects are curious indeed, often macabre, grotesque or, at the very least, disturbing. Bones, skulls, snakes, coils of velvet, animal skins, realistic faux pets . . . Mony's taste may be eccentric but she collects what she likes with conviction. Her large flat with its charming garden is flooded with light, even on the greyest day, and all the weird items in her collection co-exist in a surrealist harmony, fascinating in their disparity.

Mony Lintz-Einstein

«Objets curieux» annonce la pancarte sur la porte du 60 rue de Verneuil où se trouve «Epoca», la galerie de Mony Lintz-Einstein. Quant à son appartement tout proche, dans le VIe arrondissement, il regorge aussi d'objets très curieux, parfois macabres, parfois grotesques, toujours troublants. Os, crânes, serpents, torques de velours, peaux de bêtes, faux animaux de compagnie d'un réalisme étonnant . . . Mony a peut-être un goût excentrique mais elle collectionne ce qu'elle aime avec conviction. Son grand appartement, avec son charmant jardin, est inondé de lumière même par temps gris et tous ses objets bizarres coexistent dans une fascinante disparité qui crée une harmonie surréaliste.

»Objets curieux« heißt es an der Tür der Rue de Verneuil 60, wo Mony Lintz-Einstein ihre Galerie »Epoca« betreibt. Ihre Wohnung mit Garten im benachbarten 6. Arrondissement birgt ebenfalls eine große Anzahl solcher Kuriositäten. Merkwürdig sind diese Objekte schon, aber viele haben darüber hinaus Züge, die man als makaber, grotesk oder doch zumindest als beunruhigend bezeichnen kann. Knochen, Totenschädel, Schlangen, samtene Spiralen, Tierhäute, realistisch nachgeahmte Haustiere . . . Monys Geschmack mag exzentrisch sein, doch was ihr gefällt, das sammelt sie mit Überzeugung. Ihre weitläufige Wohnung mit dem bezaubernden Garten ist lichtdurchflutet, selbst an grauen Tagen. Und all die verrückten Stücke ihrer Sammlung stehen in surrealistischer Harmonie nebeneinander und wirken gerade in ihrer Gegensätzlichkeit faszinierend.

***Page 208:** an example of "frightening things arranged with a sense of poetry", as Mony terms her attitude towards decoration. The 18th century German chair in the foreground is a rare example of a chair built around a skull. The bust is a fragment of a 17th century garden sculpture; part of an early 17th century Indian model of a temple can be glimpsed above it.*
***Above left:** view of the garden, with an early 17th century Indian carving of a horse in teak.*
***Above right:** view of the dining room, with a marble-topped Indian table and antique French bistro chairs.*
***Right:** a view of the winter garden, with the walls entirely covered in shells and an American architectural model in metal and mesh.*

***Page 208:** un exemple de «choses effrayantes disposées avec un sens poétique», selon la formule même de Mony pour décrire son attitude envers la décoration. La chaise au premier plan, du 18e siècle allemand, est un rare exemple de siège construit autour d'un crâne. Le buste est un fragment d'une sculpture de jardin du 17e siècle et l'on aperçoit, au-dessus, une maquette de temple indien du 17e siècle.*
***Ci-dessus à gauche:** perspective sur le jardin avec un cheval en teck, œuvre indienne du début du 17e siècle.*
***Ci-dessus à droite:** perspective sur la salle à manger avec une table indienne à plateau de marbre et deux vieilles chaises de bistro françaises.*
***A droite:** le jardin d'hiver avec ses murs entièrement couverts de coquilles et un ornement architectural américain en métal et treillis.*

***Seite 208:** ein Beispiel für »furchterregende Dinge, mit Sinn für Poesie arrangiert«, wie Mony ihren Begriff von Inneneinrichtung definiert. Der Stuhl im Vordergrund kommt aus Deutschland (18. Jahrhundert), ein seltenes Exemplar eines Sitzmöbels, das um einen Schädel herumgebaut ist. Oberhalb der Büste – Bruchstück einer Gartenplastik aus dem 17. Jahrhundert – erkennt man Teile eines indischen Tempelmodells aus dem frühen 17. Jahrhundert.*
***Oben links:** ein Blick in den Garten mit einem Pferd aus Teakholz, eine indische Schnitzarbeit des frühen 17. Jahrhunderts.*
***Oben rechts:** eine Ansicht des Eßzimmers mit einem indischen Tisch, dessen Platte aus Marmor angefertigt wurde, und alten französischen Gasthausstühlen.*
***Rechts:** der Wintergarten, dessen Wände ganz mit Muscheln bedeckt sind, mit einem amerikanischen Architekturmodell aus Metallstäben und Maschendraht.*

View of the living room, showing a corner of the curious sofa which faces both towards the fireplace and the windows; crouched in the centre of the room like an alien beast, it appears to be composed entirely of velvet and tapestry ropes. In the foreground, various oddities, including a wooden monkey from her collection of primates. By the fireplace, an early 19th century theatre lamp in Baccarat crystal.

Vue du salon où l'on voit une partie d'un étrange canapé qui fait face à la cheminée et à la fenêtre; tapi au centre de la pièce, tel un animal bizarre, il est entièrement fait de cordes en velours et tapisserie. Au premier plan diverses curiosités, dont un singe en bois appartenant à sa collection de primates et, près de la cheminée, une lampe de théâtre du début du 19e siècle en cristal de Baccarat.

Blick in eine Ecke des Wohnzimmers auf das eigentümliche Sofa, das zum Kamin wie auch zum Fenster hin ausgerichtet ist. Hingeduckt wie ein fremdartiges Tier im Zentrum des Raums, scheint es ganz aus Samt und Teppichkordeln zu bestehen. Im Vordergrund diverse Kuriositäten, darunter ein hölzerner Affe aus ihrer Primatenkollektion, und am Kamin eine Theaterlampe aus dem frühen 19. Jahrhundert, eine Bakkaratkristallarbeit.

The luminous bedroom has a very different atmosphere to the rest of the house; distinctly Gustavian in influence, its walls boast extraordinary mirrors which were originally 18th century château doors. The resin flower-objects are erotic sculptures by a Polish artist, incorporting mouldings of Elizabeth Taylor's and Julie Christie's lips.

La lumineuse chambre à coucher dégage une atmosphère très différente du reste de la maison. D'influence gustavienne, ses murs sont ornés de superbes miroirs qui couvraient, à l'origine, les portes d'un château (18e siècle). Des objets-fleurs en résine, sculptures érotiques d'une artiste polonaise, avec les moulages des lèvres d'Elizabeth Taylor et de Julie Christie.

Das lichtdurchflutete Schlafzimmer verbreitet eine andere Atmosphäre als das übrige Haus. Eindeutig gustavianisch beeinflußt, prunkt es mit auffälligen Spiegeln, die ursprünglich einmal Türen eines Chateaus waren (18. Jahrhundert). Die Kunstharzblumen mit Nachbildungen der Lippen von Elizabeth Taylor und Julie Christie sind erotische Skulpturen einer polnischen Künstlerin.

Collection of exotic bric-à-brac, including a lamp with a snakeskin shade mounted on a stuffed zebra leg and hoof, a fragment of a 16th century painting and several trompe-l'œil-objects that have the appearance of tree bark. On the left, there is an odd little 19th century talisman made from a lobster's pincer by a fisherman.

Un exotique bric-à-brac dont une lampe pourvue d'un abat-jour en peau de serpent monté sur un pied de zèbre empaillé qui a gardé son sabot, le fragment d'un tableau du 16e siècle et plusieurs objets en trompe-l'œil qui prennent l'apparence de l'écorce. A gauche, un curieux petit talisman fait dans une pince de langouste par un pêcheur du 19e siècle.

Eine Sammlung äußerst eigenwilliger Gegenstände, darunter eine Lampe mit Schirm aus Schlangenhaut auf einem ausgestopften Zebrabein mit Huf sowie ein Gemäldefragment des 16. Jahrhunderts und mehrere Trompe-l'œil-Objekte, die Baumrinde vortäuschen. Links ein seltsamer kleiner Talisman, der von einem Fischer im 19. Jahrhundert aus einer Hummerschere gefertigt wurde.

A collection of barbotines on a marble counter rescued from a boulangerie that was being refurbished: strange ceramics, created mostly in the last century but originating from the gothic imagination of Bernard Palissy in the 16th century. Barbotines are one of Mony's great passions and she has an extensive collection – their reptile and insect imagery appeal to her sense of the macabre.

Disposée sur un comptoir en marbre une collection de barbotines: ces curieuses pièces, datant pour la plupart du siècle dernier, s'inspirent des créations du céramiste Bernard Palissy au 16e siècle. Les barbotines sont une des grandes passions de Mony et elle en a un nombre impressionnant; elles ont séduit son goût pour le macabre avec leurs représentations de reptiles et d'insectes.

Eine Sammlung von »barbotines«, merkwürdigen Keramikobjekten, die auf die grotesken Gebilde Bernard Palissys aus dem 16. Jahrhundert zurückgehen. Die meisten von ihnen stammen aber aus dem vorigen Jahrhundert. Ihre Bildlichkeit aus dem reptilen und nautischen Bereich spricht Monys Sinn für das Makabre an. Barbotines sind eine große Leidenschaft von ihr, und sie besitzt eine umfangreiche Sammlung. Die Figuren stehen auf einer Marmortheke, die aus einer renovierten Boulangerie gerettet werden konnte.

Stefan Lubrina's mind must be akin to that of Lewis Carroll's, since his stage designs and decorative paintings conjure up worlds of fantasy and enchantment where the imagination can run wild in a childlike way. His paintbrush has transformed the tiny two-room apartment where he lives on the Rue de Lappe near the Bastille into a charming Parisian "pied-à-terre". Stefan is multi-talented, not only when decorating houses and designing furniture but also as a conceptual artist and when creating prints and decorations for Karl Lagerfeld's collections. His visual references are myriad, spanning from Bloomsbury to graffiti art; his eye is thoroughly contemporary and his work has enormous charm.

Stefan Lubrina

Chez Stefan Lubrina, on se croirait transporté dans un conte de fées, tant ses décors de théâtre et ses peintures décoratives laissent libre cours à une fantaisie et à une imagination propres à l'enfance. Son pinceau a fait du petit deux-pièces de la rue de Lappe, dans le quartier de la Bastille, un charmant pied-à-terre parisien. Stefan a de multiples talents, décorateur, designer mais aussi peintre conceptuel et créateur d'imprimés et de motifs pour les collections de Karl Lagerfeld. Il a la tête pleine de références visuelles, depuis Bloomsbury jusqu'à l'art du graffiti, mais un œil authentiquement contemporain allié d'un charme irrésistible.

In Stefan Lubrinas Kopf muß es so ähnlich aussehen wie in der Welt der Grimmschen Märchen, denn seine Bühnenbilder und Dekorationsmalereien beschwören phantastische Zauberwelten. Mit Hilfe seines Pinsels hat er die kleine Zweizimmerwohnung an der Rue de Lappe unweit der Bastille in einen bezaubernden Stützpunkt für seine Parisaufenthalte verwandelt. Stefan ist vielseitig begabt – er ist nicht nur Inneneinrichter und Möbeldesigner, sondern auch Konzeptkünstler und entwirft überdies Stoffmuster und Accessoires für die Kollektionen von Karl Lagerfeld. Seine unzähligen visuellen Bezugspunkte reichen von Bloomsbury bis hin zur Graffiti-Kunst. Dabei ist seine Sehweise durch und durch modern, und seine Werke verfügen über einen ungeheuren Charme.

Page 216: *gold leaf and orange stripes in the bedroom, with a papier-mâché frame by Stefan Lubrina inspired by 30s' and 40s' originals.*
Above: *view of the living room with a self-portrait, artists' materials, various African objects and necklaces, and furniture picked up in the Paris flea markets. The large mirror is customized with fairy lights.*

Page 216: *les murs peints à rayures feuille d'or et orange dans la chambre à coucher avec un cadre en papier mâché de Stefan Lubrina inspiré d'originaux des années 30 et 40.*
Ci-dessus: *le salon avec un autoportrait, des fournitures d'artiste, divers objets africains, des colliers et des meubles trouvés chez les brocanteurs. Des lampions apportent au grand miroir une touche originale.*

Seite 216: *ein Streifenmuster aus Blattgold und Orange im Schlafzimmer; Originale aus den dreißiger und vierziger Jahren haben Stefan Lubrina zu dem Pappmaché-Rahmen angeregt.*
Oben: *Blick in den Salon mit einem Selbstporträt, Malerutensilien, diversen afrikanischen Objekten und Halsketten sowie Möbeln, die er auf den Pariser Flohmärkten aufgestöbert hat. Den großen Spiegel zieren kleine Lichter.*

Indian fabric on a mattress on the floor and lamé patchwork curtains add to the intimate atmosphere of the bedroom where incense is always kept burning. The cushions are in printed fabric designed for Karl Lagerfeld. The portrait on the wall is by Stefan and the lamp in the foreground is by Philippe Starck.

Le tissu indien sur un matelas posé à même le sol et les rideaux en patchwork de lamés donnent une atmosphère intime à la chambre à coucher où brûle toujours de l'encens. Les housses des coussins sont faites dans un imprimé dessiné pour Karl Lagerfeld. Au mur, un portrait de Stefan et, au premier plan, une lampe de Philippe Starck.

Indischer Stoff auf einem Matratzenlager am Boden und Patchworkvorhänge aus Goldlamé unterstreichen die intime Atmosphäre des Schlafzimmers, in dem ständig Räucherstäbchen brennen. Die Kissen aus bedrucktem Stoff wurden für Karl Lagerfeld entworfen. Das Porträt an der Wand stammt von Stefan selbst, und die Lampe im Vordergrund ist eine Arbeit von Philippe Starck.

The improblable story of Rue Starck, which is where this, the first ever of Philippe Starck's architectural projects, is situated, owes much to the art director Bruno Le Moult's forthrightness. Back in 1988, long before Starck had begun designing houses for mail order catalogues, Moult decided that he wanted a new house, in Paris and on the Seine – and that Starck (whom he had never met) should be the architect. In exchange, he offered "artistic carte blanche", a tiny building budget and no fee. Against all odds, the design superstar accepted the proposal ... and ended up designing the whole street!

Bruno Le Moult

L'histoire invraisemblable de la rue Starck, site du tout premier projet architectural de Philippe Starck, a commencé avec un coup de poker du directeur artistique Bruno Le Moult. En 1988, Philippe Starck ne dessinait pas encore de maisons pour le catalogue des Trois Suisses. Mais Bruno Le Moult voulait une nouvelle maison. A Paris. Au bord de la Seine. Et dessinée par Starck (qu'il n'avait jamais rencontré). Le budget de construction était minuscule et les honoraires inexistants, en revanche l'architecte avait carte blanche. Contre toute attente, la superstar du design accepta la proposition ... et finit par dessiner toute la rue!

Die unwahrscheinlich anmutende Geschichte der Rue Starck, in der sich diese allererste architektonische Arbeit von Philippe Starck befindet, ist zu einem großen Teil der Unbekümmertheit des Art Directors Bruno Le Moult zu verdanken. Im Jahre 1988, lange bevor Starck begann, Häuser für Versandkataloge zu gestalten, beschloß Moult nämlich, daß er ein neues Haus haben wolle, in Paris und an der Seine – und daß Starck, den er bis dahin nicht persönlich kannte, sein Architekt sein solle. Er bot ihm »künstlerisch freie Hand«, ein schmales Budget und kein Honorar. Wider Erwarten ging der Stardesigner auf den Vorschlag ein ... und gestaltete schließlich die gesamte Straße!

6696
RL 92

Previous pages: *built on a mere sliver of land in a lacklustre neighbourhood, the proportions of Starck's monolithic construction for the Le Moult family, partly imposed by the restrictions of the site, have an unexpected grandeur. The garden reaches right down to the water's edge and is perfect for summer barbeques, when neighbour Philippe Starck (who has since built his own house next door) and friends congregate.*
Right and above: *tall and slim, the house has an uncompromisingly modern interior, with straightforward industrial materials being used to great effect. The plain cement walls do not distract from the harmony of the architectural whole. Furniture is kept to a minimum: ethnic and modern art collections, the famous "Spine" chair by André Dubreuil and a substantial number of Starck's design pieces are the focal points for the interior.*
Above: *view from under the desk in the bedroom on the mezzanine down into the salon, with its huge picture window and soaring ceiling.*
Right: *view of the kitchen, inspired by a ship's galley. The use of marble contrasts with the lack of ornament in the main space.*

Pages précédentes: *sur une minuscule parcelle située dans un quartier banal, Starck a réussi à construire pour la famille Le Moult un bâtiment étonnamment cohérent malgré les multiples contraintes imposées par le site. Le jardin descend jusqu'au bord de l'eau. C'est là que les Le Moult et leur voisin Philippe Starck (car le designer s'est construit depuis une maison juste à côté) aiment se retrouver.*
A droite et ci-dessus: *derrière la façade haute et étroite, un intérieur résolument moderne. Les matériaux industriels sont partout à l'honneur. Les murs en béton rehaussent discrètement l'harmonie architecturale du bâtiment. Le mobilier reste relativement spartiate: quelques pièces d'art primitif ou contemporain, le célèbre fauteuil «Spine» d'André Dubreuil, et un certain nombre de créations de Starck.*
Ci-dessus: *vue plongeante sur le salon à partir du secrétaire de la chambre à coucher perchée sur la mezzanine. On remarquera l'immense baie vitrée et le vertigineux plafond.*
A droite: *une vue de la cuisine, qui évoque une cabine de navire. La présence du marbre tranche avec le dépouillement de l'espace principal.*

Vorhergehende Seiten: *Obwohl es auf einem sehr schmalen Grundstück in einer eher uninteressanten Gegend steht, sind die zum Teil durch die Besonderheiten der Lage diktierten Proportionen von Starcks monolithischem Gebäude für die Familie Le Moult überraschend eindrucksvoll. Der Garten erstreckt sich bis hinunter ans Wasser und eignet sich vorzüglich für sommerliche Grillfeste, bei denen man sich mit dem Nachbarn Philippe Starck – der sich inzwischen ein Haus auf dem Nebengrundstück gebaut hat – und mit Freunden trifft.*
Rechts und oben: *Das hohe, schmale Haus ist konsequent modern eingerichtet, und klare, industriell gefertigte Materialien sind wirkungsvoll eingesetzt. Die schlichten Betonwände lenken nicht von der Harmonie des architektonischen Gesamtentwurfs ab. Die Möblierung beschränkt sich auf ein Minimum: Als Blickfang im Innern des Hauses dienen Sammlungen von Volkskunst und moderner Kunst, André Dubreuils berühmter »Spine«-Stuhl sowie eine beträchtliche Anzahl von Arbeiten Philippe Starcks.*
Oben: *Unter dem Schreibtisch des im Zwischengeschoß gelegenen Schlafzimmers hindurch blickt man in den Salon mit seinem großen Blumenfenster und der hohen Decke.*
Rechts: *Blick in die Küche, die an eine Schiffskombüse erinnert. Der Marmor bildet einen Hauptkontrast zur Schmucklosigkeit des Hauptwohnraums.*

***Above:** the family recently converted the top floor, previously an independent apartment, into a studio space for Pamela Le Moult, whose sculptures of elongated figures sometimes seem born of the architecture itself.*

***Ci-dessus:** la famille Le Moult a récemment converti le dernier étage, qui formait naguère un appartement indépendant, en atelier, et Pamela Le Moult peut à loisir y créer de minces sculptures qui rappellent étrangement la silhouette de sa maison.*

***Oben:** Die Familie hat vor kurzem das oberste Stockwerk, das ursprünglich eine abgeschlossene Wohnung war, in ein Atelier für Pamela Le Moult verwandelt; ihre langgestreckten Skulpturen wirken oft, als seien sie aus dieser Architektur erwachsen.*

In an extraordinary Art Deco building overlooking the Parc des Buttes-Chaumont in Paris' 20th arrondissement, the fashion designer Thierry Mugler lives in a three-floor penthouse that he has completely re-designed to conform to his unmistakable aesthetics. Using the same space-age graphics and techno-colours as his fashion and photography, his apartment is a unique creation. Its careful lighting, which changes colour and intensity according to the mood, and the impeccably finished fixtures, evoke a sort of minimalism. The original 1930s' neo-classical proportions were comparatively easy to adapt to the architectural language in which Mugler was interested, and the sophisticated lighting adds to the graphic effect.

Thierry Mugler

Dans un extraordinaire immeuble Art Déco surplombant le Parc des Buttes-Chaumont, dans le XXe arrondissement, le créateur de mode Thierry Mugler habite un appartement de trois étages avec terrasse qu'il a complètement rénové pour l'adapter à son esthétique originale. Rappelant les lignes de l'âge spatial et les couleurs techno propres à ses collections et à ses photos, c'est une création à part entière. Son éclairage étudié, qui varie de couleur et d'intensité selon l'humeur, et les détails d'une finition impeccable évoquent une sorte de minimalisme. Les proportions des années 30 furent relativement faciles à adapter au langage architectural qui intéresse Mugler et la sophistication des éclairages renforce le côté spectaculaire des lieux.

In einem außergewöhnlichen Art-Déco-Gebäude mit Blick auf den Parc des Buttes-Chaumont im 20. Arrondissement von Paris bewohnt der Modeschöpfer Thierry Mugler ein dreistöckiges Penthouse, das er seinen unverwechselbaren ästhetischen Vorstellungen entsprechend von Grund auf neu gestaltet hat. Seine Wohnung ist eine einzigartige Schöpfung, geprägt von den gleichen hypermodernen graphischen Gestaltungsprinzipien und Techno-Farben wie seine Modekreationen und Fotografien. Durch sorgfältig ausgeklügelte Beleuchtungseffekte, die sich je nach Stimmung verändern lassen, sowie eine absolut makellose Ausstattung erzielt er eine Wirkung, die man als minimalistisch bezeichnen könnte. Die ursprünglichen neoklassizistischen Proportionen aus den dreißiger Jahren ließen sich verhältnismäßig leicht mit der architektonischen Formensprache, die Mugler vorschwebte, vereinbaren, und die kunstvolle Beleuchtung unterstreicht die graphische Wirkung.

Previous page and above: *a stone table is one of the few pieces of furniture in the three large connecting rooms that form the living space on the first floor. The architecture is a study in light and shadow, and in the daytime Venetian blinds add to this effect.*
Right: *the entrance hall is spectacular with red and green light effects, including a neo-classical fist holding a flaming torch, juxtaposed with the original marble staircase that leads up to the second floor of the triplex.*

Page précédente et ci-dessus: *une table en pierre est l'un des rares meubles des trois spacieuses pièces communicantes qui forment l'espace principal, au premier étage. L'architecture intérieure évoque une «Etude pour ombre et lumière» que soulignent, le jour, les stores vénitiens.*
A droite: *le spectaculaire hall d'entrée avec ses éclairages rouges et verts, dont une torche tenue par un poing néo-classique forme un contraste intéressant avec l'escalier en marbre qui conduit au deuxième étage du triplex.*

Vorhergehende Seite und oben: *Ein Steintisch ist eines der wenigen Möbelstücke in den drei großen, miteinander verbundenen Räumen, die den Hauptwohnbereich auf der unteren Etage bilden. Die Architektur gleicht einer Studie in Licht und Schatten. Tagsüber unterstreichen Jalousien diesen Effekt noch zusätzlich.*
Rechts: *Die Eingangshalle mit ihren roten und grünen Beleuchtungseffekten ist ein geradezu spektakulärer Raum. Eine neoklassizistische Faust, die eine fackelförmige Lampe hält, steht in spannungsreichem Kontrast zur Marmortreppe, die ins mittlere Geschoß der dreistöckigen Wohnung hinaufführt.*

After having lived all over the world, the wheel turned full circle when writer Gilles Néret moved into the tiny apartment on the Place Saint-Germain-des-Prés where he had spent his student days. Practically all his favourite places are within walking distance: the Café de Flore, where he makes all his appointments and which he treats as an extension of his front room, the lively food market on the Rue de Buci, and the Paris office of Benedikt Taschen, his publisher. The 80 m^2 apartment, which he shares with his eldest son, is crammed full of books: those he has written and those he refers to when writing. The walls and every available surface are covered with proof of his eclectic taste in art, creating an intimate and studious atmosphere where Gilles spends most of his time. His vision of sex as a necessary prelude to spirituality dominates his collection, where the profane and the sacred go hand in hand.

Gilles Néret

Après avoir vécu un peu partout dans le monde, l'écrivain Gilles Néret s'est retrouvé dans un appartement de la place Saint-Germain-des-Prés, quartier où il a passé ses années d'étudiant. Presque tous ses lieux favoris sont à quelques pas de chez lui: le café de Flore où il donne tous ses rendez-vous et qu'il considère comme une extension de son salon, le marché animé de la rue de Buci où se trouve le bureau parisien de Benedikt Taschen, son éditeur. L'appartement de 80 m^2 qu'il partage avec son fils aîné est bourré de livres: les siens et ceux qu'il consulte quand il écrit. Les murs et toutes les surfaces possibles sont couverts d'objets manifestant son goût éclectique pour les styles les plus divers. Sa conception de la sexualité comme un nécessaire prélude à la spiritualité s'affiche dans une collection où le profane côtoie le sacré, créant une atmosphère intime et studieuse qu'il apprécie particulièrement.

Nachdem er überall auf der Welt zu Hause war, zog der Autor Gilles Néret zurück in diese Wohnung an der Place Saint-Germain-des-Prés, wo er bereits als Student gewohnt hatte. Von dort aus kann er praktisch all seine Lieblingsorte zu Fuß erreichen: das Café de Flore, wo er seine sämtlichen Verabredungen trifft und das er quasi als Erweiterung seines Wohnzimmers betrachtet, den quicklebendigen Lebensmittelmarkt und das Pariser Büro seines Verlegers Benedikt Taschen in der Rue de Buci. Die 80-m^2-Wohnung, die er sich mit seinem ältesten Sohn teilt, quillt über von Büchern – Büchern, die er selbst geschrieben hat, und Büchern, auf die er sich beim Schreiben bezieht. Die Wände und jede nur verfügbare Abstellfläche legen beredtes Zeugnis von seinem eklektischen Kunstgeschmack ab. Von seiner Idee, daß Sexualität eine notwendige Vorstufe zur Spiritualität bildet, zeigt sich die Sammlung nachhaltig geprägt, wobei Profanes und Sakrales Hand in Hand gehen. Es entsteht eine sehr private, der Arbeit zuträgliche Atmosphäre, in der Gilles den größten Teil seiner Zeit verbringt.

Page 230: *part of Gilles' collection of over a thousand miniature perfume bottles; their reduced scale charms him and the collection came about "through accidental accumulation". The painting "The Devil Showing Woman to the People" is by Symbolist Otto Greiner, 1897. The bronze "Man Walking" is by Delfo, 1970, and the portrait of Gilles was done in 1990 by Chantal le Beller.*
Above: *view of the bedroom, with an interesting juxtaposition of all periods, proving, in Gilles' words, that "creative man, regardless of epoch or latitude, has always produced the same sort of art..."*

Page 230: *une partie de la collection de plus de mille flacons de parfum miniatures; leur taille réduite enchante Gilles qui dit les avoir réunis par «accumulation fortuite». Le tableau «Le diable montrant la Femme au peuple» est du symboliste Otto Greiner, 1897. Le bronze «L'homme qui marche» est de Delfo (1970) et le portrait de Gilles est signé Chantal le Beller (1990).*
Ci-dessus: *une vue de la chambre à coucher avec une intéressante juxtaposition d'objets de toutes périodes prouvant, selon les mots mêmes de Gilles, qu'à «des époques différentes et sous des latitudes diverses, le créateur a toujours, finalement, produit le même art...»*

Seite 230: *ein Teil von Gilles' über tausend Parfümflaschenminiaturen. Ihre reduzierte Größe fasziniert ihn, und die Sammlung wuchs stetig, »weil einfach immer mehr dazukam«. Das Gemälde »Der Teufel zeigt dem Volk die Frau« (1897) ist ein Werk des symbolistischen Malers Otto Greiner. Die Bronzeplastik »Schreitender Mann« stammt von Delfo (1970), und das Porträt von Gilles ist eine Arbeit von Chantal le Beller (1990).*
Oben: *Ein Blick in das Schlafzimmer mit einer interessanten Zusammenstellung von Gegenständen aus verschiedenen Epochen, die beweist, um mit Gilles' Worten zu sprechen, daß »der kreative Mensch, gleichgültig in welcher Epoche und in welchen Breiten er lebt, immer die gleiche Art von Kunst erschafft...«*

Below: *Gilles' desk, with its imposing view of Saint-Germain-des-Prés. Photographs, drawings and paintings jostle for room on the wall.*
Following pages: *a close-up of the jumble of curiosities that are part of Gilles' "Musée Imaginaire", where rare and precious art mingles with souvenirs and fascinating miscellany. The two chests, one in red lacquer and one in blond wood, are 16th century Japanese copies of Portuguese sailors' trunks; they were originally used to store kimonos, and are called "tensu". Gilles brought them from Japan, where he lived for years and travelled extensively.*

Ci-dessous: *Le bureau de Gilles, avec une admirable vue sur la place Saint-Germain-des-Prés. Les murs disparaissent sous les photographies, les dessins et les tableaux.*
Pages suivantes: *gros plan sur les curiosités qui font partie de son «Musée imaginaire»: des pièces rares et précieuses côtoient des souvenirs personnels en un fascinant méli-mélo. Les deux coffres, l'un en laque rouge et l'autre en bois blond, sont des copies japonaises du 16e siècle de coffres de marins portugais; on y rangeait les kimonos et ils portent le nom de «tensu». Gilles les a achetés au Japon, pays où il a vécu des années et qu'il a sillonné en tous sens.*

Unten: *Gilles' Schreibtisch mit dem wundervollen Blick auf Saint-Germain-des-Prés. An der Wand dicht an dicht Fotografien, Zeichnungen und Gemälde.*
Folgende Seiten: *Nahaufnahmen der Kuriositätensammlung, allesamt Teil von Gilles' »Musée Imaginaire«, in dem seltene und wertvolle Kunstobjekte neben Reiseandenken und faszinierenden Einzelstücken stehen. Die beiden Truhen, eine in rotem Lack und eine in hellem Holz, stammen aus dem 16. Jahrhundert und sind japanische Kopien von portugiesischen Seemannskisten. Sie dienten vor allem zur Aufbewahrung von Kimonos und wurden als »tensu« bezeichnet. Gilles hat sie aus Japan mitgebracht, wo er jahrelang gelebt und viele Reisen unternommen hat.*

Erotik in der Kunst
TOULOUSE-LAUTREC
TASCHEN
Auguste Rodin
Skulpturen und Zeichnungen
Luxury for les
Benedikt Taschen
1993/94
les dessous
RRET
Matisse

SONY
DIGITAL
SONY
SONY
SONY
SONY

The treasure trove of Denise Orsoni, antiquarian extraordinaire, is a well-kept secret, since it is, quite literally, buried out of sight. Her domain was formerly the kitchen of the "Bœuf à la mode" restaurant, a cellar which has absolutely no natural light and has to have air piped in. It takes a sure-fire instinct like Denise's to understand the possibilities of this space, but her talent for recognising the fabulous among the mundane, for which she is famed among Parisian decorators, was right on target. Her cave is eerily beautiful and a perfect expression of her taste – which was, after all, partly responsible for the resurgence of interest in 40s' design which has swept Paris.

Denise Orsoni

Les trésors de Denise Orsoni, remarquable antiquaire, sont bien gardés puisqu'ils sont littéralement enterrés, hors de portée des regards. Denise a choisi les cuisines de l'ancien restaurant le «Bœuf à la mode» pour en faire son domaine privilégié: une cave qui ne reçoit pas la lumière du jour et est ventilée artificiellement. Il fallait un instinct sans faille, comme celui de Denise, pour évaluer les possibilités d'un tel espace mais son talent exceptionnel pour repérer ce qui se cache de fabuleux sous l'ordinaire des choses – talent qui l'a rendue célèbre dans le milieu de la décoration – ne l'a pas trahie. Sa cave est féerique, expression parfaite de son goût si sûr qui a relancé l'intérêt des Parisiens pour le style des années 40.

Das Schatzkästchen der bemerkenswerten Antiquitätenhändlerin Denise Orsoni ist ein gutgehütetes Geheimnis, denn sie lebt im wahrsten Sinne des Wortes im Untergrund. Früher diente ihr Domizil, das in einem Keller liegt, einmal dem Restaurant »Bœuf à la mode« als Küche. Es gibt kein natürliches Licht, Frischluft wird über Rohrleitungen zugeführt. Man braucht schon Denises todsicheres Gespür, um die Möglichkeiten einer solchen Wohnung zu erkennen, doch hier war ihr Talent, das Außergewöhnliche im Profanen zu finden, genau am richtigen Platz – übrigens eine Gabe, für die sie bei Pariser Innenarchitekten berühmt ist. Ihre Höhle ist von geheimnisvoller Schönheit und ein vollkommener Ausdruck ihres Geschmacks, der ja immerhin dazu beitrug, daß »le tout Paris« sich wieder für die vierziger Jahre zu interessieren begann.

SONY
DIGITAL
SONY
SONY
SONY
SONY

The treasure trove of Denise Orsoni, antiquarian extraordinaire, is a well-kept secret, since it is, quite literally, buried out of sight. Her domain was formerly the kitchen of the "Bœuf à la mode" restaurant, a cellar which has absolutely no natural light and has to have air piped in. It takes a sure-fire instinct like Denise's to understand the possibilities of this space, but her talent for recognising the fabulous among the mundane, for which she is famed among Parisian decorators, was right on target. Her cave is eerily beautiful and a perfect expression of her taste – which was, after all, partly responsible for the resurgence of interest in 40s' design which has swept Paris.

Denise Orsoni

Les trésors de Denise Orsoni, remarquable antiquaire, sont bien gardés puisqu'ils sont littéralement enterrés, hors de portée des regards. Denise a choisi les cuisines de l'ancien restaurant le «Bœuf à la mode» pour en faire son domaine privilégié: une cave qui ne reçoit pas la lumière du jour et est ventilée artificiellement. Il fallait un instinct sans faille, comme celui de Denise, pour évaluer les possibilités d'un tel espace mais son talent exceptionnel pour repérer ce qui se cache de fabuleux sous l'ordinaire des choses – talent qui l'a rendue célèbre dans le milieu de la décoration – ne l'a pas trahie. Sa cave est féerique, expression parfaite de son goût si sûr qui a relancé l'intérêt des Parisiens pour le style des années 40.

Das Schatzkästchen der bemerkenswerten Antiquitätenhändlerin Denise Orsoni ist ein gutgehütetes Geheimnis, denn sie lebt im wahrsten Sinne des Wortes im Untergrund. Früher diente ihr Domizil, das in einem Keller liegt, einmal dem Restaurant »Bœuf à la mode« als Küche. Es gibt kein natürliches Licht, Frischluft wird über Rohrleitungen zugeführt. Man braucht schon Denises todsicheres Gespür, um die Möglichkeiten einer solchen Wohnung zu erkennen, doch hier war ihr Talent, das Außergewöhnliche im Profanen zu finden, genau am richtigen Platz – übrigens eine Gabe, für die sie bei Pariser Innenarchitekten berühmt ist. Ihre Höhle ist von geheimnisvoller Schönheit und ein vollkommener Ausdruck ihres Geschmacks, der ja immerhin dazu beitrug, daß »le tout Paris« sich wieder für die vierziger Jahre zu interessieren begann.

Previous page: *the "beehive" Mariano Fortuny lamps, which number amongst one of Denise's favourite objects. In the background, the bed; a perfectly proportioned Francis Jourdain piece of breathtaking simplicity that dates from between the wars.*
Above and right: *important pieces of 40s' furniture cohabit with Denise in her underground den. She is usually off to the flea market at the crack of dawn and is a serious haggler, seeking out the oddly assorted pieces she likes and knowing exactly which will look right in her mysterious underground domain.*

Page précédente: *lampe «Ruche» de Mariano Fortuny, un des objets préférés de Denise. Au fond, son lit, un meuble aux proportions parfaites et d'une magnifique simplicité de Francis Jourdain, datant d'entre les deux guerres.*
Ci-dessus et à droite: *plusieurs magnifiques pièces des années 40 meublent le sous-sol. Denise, chineuse passionnée, part généralement à l'aube aux Puces et cherche avec enthousiasme ces étranges objets qu'elle aime assortir tout en sachant avec précision ceux qui siéront à son mystérieux domaine souterrain.*

Vorhergehende Seite: *die Bienenkorblampen von Mariano Fortuny, die zu Denises Lieblingsstücken zählen. Im Hintergrund ist ihr Bett zu sehen, ein schlichtes Möbel mit vollkommenen Proportionen von Francis Jourdain aus der Zeit zwischen den beiden Weltkriegen.*
Oben und rechts: *Denises unterirdische Behausung ist mit Möbeln aus den vierziger Jahren eingerichtet. In der Regel macht sie sich schon bei Tagesanbruch auf den Weg zum Flohmarkt. Als echte »Lumpensammlerin« stöbert sie nach den seltsam bunt zusammengewürfelten Dingen, die ihr gefallen, und weiß immer genau, was in ihr geheimnisvolles unterirdisches Domizil paßt.*

NUDWA
UK
TEA
PRODUCE OF INDIA

General view of the mezzanine, with a 1940s' screen made of matchboxes in the corner and a 1930s' desk and chair. On the 17th century convent table placed against the wall, there is a display of objects from Pierre's eclectic collection. The deep blue vase is by contemporary artist Marcial Berró.

Vue générale de la mezzanine avec, au fond, un paravent des années 40 fait de boîtes d'allumettes, un bureau et un siège 1930. Sur la table de couvent 17e, placée contre le mur, quelques objets appartenant à la collection éclectique de Pierre. Le vase d'un bleu profond est l'œuvre d'un artiste contemporain, Marcial Berró.

Eine Ansicht des Zwischengeschosses: im Hintergrund ein aus den vierziger Jahren stammender Wandschirm aus Streichholzschachteln; Schreibtisch und Stühle sind aus den Dreißigern. Der Tisch an der Wand, ein Möbel des 17. Jahrhunderts, kommt aus einem Kloster. Hier präsentiert Pierre Objekte seiner eklektischen Sammlung. Die dunkelblaue Vase ist eine Arbeit des zeitgenössischen Künstlers Marcial Berró.

Pierre Passebon owns not one, but two of the most interesting galleries in town. The Galerie du Passage specialises in 30s' and 40s' art and design by figures such as Jean-Michel Frank, Diego Giacometti and Christian Bérard. His other space in the tiny Impasse des Bourdonnais exhibits the work of contemporary artists and designers that meets Pierre's high standards of craftsmanship. Pierre lives in an artist's atelier in a small, almost pastoral alleyway in the 16th arrondissement and the whole space is invaded by his copious collection of design from all periods. Very personal pieces are carefully positioned under the skylight that admits a steady, northern light all day, making the atelier a luminous, peaceful haven, no matter what the weather. Pierre designed special translucent cotton blinds in toile that filter the sunlight on the hottest days.

Pierre Passebon

Pierre Passebon a non pas une, mais deux des galeries parisiennes les plus intéressantes. La Galerie du Passage est spécialisée dans l'art des années 30 et 40, avec des œuvres de grands noms tels que Jean-Michel Frank, Diego Giacometti ou Christian Bérard. Impasse des Bourdonnais, dans un petit espace, il expose des artistes et artisans contemporains qui répondent à ses hautes exigences en matière de qualité. Dans une petite allée quasi pastorale du XVIe arrondissement, Pierre habite un atelier d'artiste empli de sa riche collection de pièces de toutes époques. Meubles et objets très personnels se pressent dans l'atelier éclairé, tout au long du jour, par l'égale lumière du nord qui en fait un paradis serein, quel que soit le temps. Pour les journées trop chaudes, Pierre a conçu des stores spéciaux en toile qui filtrent les rayons du soleil.

Pierre Passebon besitzt nicht nur eine, sondern gleich zwei der interessantesten Galerien der Stadt. Die Galerie du Passage ist auf Kunst und Design der dreißiger und vierziger Jahre spezialisiert und stellt Werke von Künstlern wie Jean-Michel Frank, Diego Giacometti oder Christian Bérard aus. In seiner Galerie in der winzigen Impasse des Bourdonnais zeigt Pierre Werke von zeitgenössischen Künstlern, die seinen hohen handwerklichen Anforderungen genügen. Pierre bewohnt ein Atelier in einer kleinen, beinahe ländlichen Gasse im 16. Arrondissement, und alles quillt über von Designgegenständen aus seiner umfangreichen Sammlung, die sämtliche Epochen umfaßt. Sehr persönliche Stücke stehen dicht an dicht unter dem Dachfenster, das den ganzen Tag über ein gleichmäßiges Nordlicht hereinläßt. Das Atelier ist ein heller, friedlicher Zufluchtsort, ganz gleich, wie das Wetter draußen ist. Pierre entwarf spezielle durchlässige Jalousien aus Baumwolltoile, die an Sommertagen das Sonnenlicht filtern.

Above left: *a modern bookcase by Alexis de la Falaise, crowned with the bust of Hypnos. The original was unearthed with one wing missing, but in this American reproduction it has been mysteriously replaced by an over-zealous restorer.*
Above right: *view of the bathroom.*
Far right: *a huge 19th century Japanese vase is placed next to a day bed known as a Duchesse. The ceramic pot is by van Dongen, and the black and white filing cabinets are a Jacques Adnet design from the 30s.*

Ci-dessus à gauche: *une bibliothèque moderne d'Alexis de la Falaise surmontée d'un buste d'Hypnos. L'original fut mis au jour avec une aile manquante mais, sur cette copie américaine, elle a été magiquement rétablie par un artisan trop zélé.*
Ci-dessus à droite: *vue de la salle de bains.*
Page de droite: *un immense vase japonais du 19e siècle, à côté d'une duchesse. Le pot en céramique est de van Dongen et les meubles de rangement blanc et noir, de Jacques Adnet, datent des années 30.*

Oben links: *ein zeitgenössisches Bücherregal von Alexis de la Falaise, gekrönt von einer Hypnosbüste. Als man das Original ausgrub, fehlte ein Flügel, doch bei dieser amerikanischen Reproduktion ist er auf geheimnisvolle Weise zurückgekehrt – aas Werk eines übereifrigen Restaurators.*
Oben rechts: *Blick in das Badezimmer.*
Rechte Seite: *eine gewaltige japanische Vase aus dem 19. Jahrhundert neben einem Kanapee, einer sogenannten Duchesse. Der Keramiktopf stammt von van Dongen, und die schwarzweißen Aktenschränke sind ein Entwurf Jacques Adnets aus den dreißiger Jahren.*

SHAKESPEARE

Marie-Paule Pellé has been working for many years as a journalist and interior designer. She has taste, flair and an acerbic humour that makes her extremely good at her work and terribly Parisian, even though she has been living on the other side of the Atlantic. Her flat in Paris, where she lives with her two children, is as central as can be. It overlooks the Tuileries on that celebrated part of the Rue de Rivoli which, despite the noise, traffic and tourists, is surely one of the most beautiful places to live in the city. Marie-Paule Pellé has given her whimsicality and sense of deconstructed elegance free rein in the apartment, which, jam-packed with precious junk, has a unique charm all its own.

Marie-Paule Pellé

Marie-Paule Pellé, qui a travaillé pendant des années comme journaliste et décoratrice, a du goût, de la classe et un humour acerbe qui lui donne du génie et fait d'elle une vraie Parisienne, malgré un passé outre-Atlantique. Son appartement, qu'elle partage avec ses deux enfants, se trouve au cœur de Paris, face aux Tuileries, sur ce célèbre tronçon de la rue de Rivoli qui, malgré le bruit, la circulation et les touristes, est sûrement un des plus beaux endroits de la ville. Marie-Paule Pellé a empli de son esprit et de son sens de l'élégance sans apprêt cet appartement plein de caractère, bourré d'objets aussi hétéroclites que précieux.

Marie-Paule Pellé arbeitet seit vielen Jahren als Journalistin und Innenarchitektin. Sie besitzt Geschmack, Flair und verfügt über einen beißenden Humor, der ihrer Arbeit äußerst förderlich ist. Und genau das ist unglaublich pariserisch, auch wenn sie lange auf der anderen Seite des Atlantiks gelebt hat. Eine Wohnung in zentralerer Lage als die ihre, in der sie mit ihren beiden Kindern lebt, kann man sich in Paris nicht denken. Die Wohnung bietet einen Blick über die Tuilerien hinweg und liegt auf jenem berühmten Abschnitt der Rue de Rivoli, der trotz Lärm, Verkehr und Touristen gewiß zu den schönsten Wohngegenden der Stadt zählt. Marie-Paule Pellé hat ihren Launen und ihrem Sinn für verfremdete Eleganz bei diesem Appartement, das eine Fülle erlesenen Trödels beherbergt, freien Lauf gelassen und ihm damit einen unverwechselbaren Charakter gegeben.

Previous pages: *a corner of the living room, with a 19th century mahagony chair supporting a plaster lamp by Diego Giacometti from the 1930s. The armoire, on top of which a rather pompous bust of Louis XIV powders its nose with a false Venetian paintbrush made of bone, is 18th century and perfectly round. The detail shows the entrance hall, Pellé's dog Ouzo, and a decorative tricolour Per Spook "revolution" wedding dress.*
Above and left: *the salon, jauntily painted sunshine-yellow, and an assortment of family heirlooms and flea market finds. The sunburst clock, the day bed and the armchair (originally destined to conceal a chamber pot) are all 18th century oddities. The flooring, amazingly, is not real. Pellé had the trompe-l'œil parquet wool carpet made to her design.*

Pages précédentes: *une partie du salon avec une chaise du 19e siècle en acajou supportant une lampe en plâtre des années 30 signée Diego Giacometti. Posé sur l'armoire toute ronde du 18e siècle, un buste plutôt pompeux de Louis XIV se poudrant le nez avec un faux pinceau en os sculpé à Venise.*
La photo de détail montre l'entrée avec Ouzo, le chien de Marie-Paule Pellé, et une robe de mariage tricolore «révolution», très décorative, de Per Spook.
Ci-dessus et à gauche: *le salon, gaiement peint en jaune d'or avec un assortiment d'objets de famille et de trouvailles faites aux Puces. La pendule soleil, le lit de repos et le fauteuil (destiné à l'origine à cacher un pot de chambre) sont des curiosités du 18e siècle. Etonnamment, le parquet est faux: Marie-Paule Pellé a fait faire, d'après un de ses dessins, ce tapis trompe-l'œil en laine.*

Vorhergehende Seiten: *Teilansicht des Wohnzimmers. Auf einem Mahagonistuhl aus dem 19. Jahrhundert steht eine Lampe von Diego Giacometti aus den dreißiger Jahren. Der Schrank, auf dem eine pompöse Büste Louis' XIV. von einem falschen venezianischen Malerpinsel aus Knochen die Nase gepudert bekommt, hat eine kreisrunde Grundfläche und datiert aus dem 18. Jahrhundert. Die Detailaufnahme zeigt den Flur, Pellés Hund Ouzo sowie ein dekoratives »revolutionäres« dreifarbiges Hochzeitskleid von Per Spook.*
Oben und links: *der in munterem Sonnengelb gestrichene Salon, mit einer bunten Mischung aus Familienerbstücken und Beutestücken vom Flohmarkt. Die Uhr mit ihrem Sonnenstrahlenkranz, das Liegesofa und der Lehnstuhl – in dem sich ursprünglich ein Nachttopf verbarg – sind allesamt Kuriosa aus dem 18. Jahrhundert. Der Fußboden ist allerdings, was wirklich verblüfft, unecht. Pellé hat den Parkett vortäuschenden Wollteppich nach einem eigenen Entwurf anfertigen lassen.*

Above left: *there is a story behind these Directoire teacups. They were in fact made for Pellé's mother in the 40s by Le Vase Etrusque.*
Above right: *some of the curios collected by Marie-Paule Pellè.*
Right: *view of the kitchen, where a lot of Pellé's entertaining takes place. The rustic table was brought back from the vineyards around Bordeaux. The stools are from the 30s, and the Louis XV chairs are family heirlooms.*
Following double page: *The kitchen looks out onto a tiny courtyard that Pellé has converted into a magical city garden. It does not quite compensate for her previous apartment's view of the Jardin du Luxembourg, but it has a charm all its own and is "furnished" with curiosities such as a clockmaker's sign and an Austrian glass ball designed to frighten the birds away.*

Ci-dessus à gauche: *ces tasses à thé Directoire ont une histoire: elles ont été faites pour la mère de Pellé, dans les années 40, par Le Vase Etrusque.*
Page de droite: *la cuisine où Marie-Paule Pellé a passé tant de bons moments. La table rustique a été rapportée des vignobles du Bordelais. Les tabourets datent des années 30 et les chaises Louis XV sont un héritage familial.*
Double page suivante: *La cuisine donne sur une petite cour que Marie-Paule Pellé a transformée en un jardin magique. Cela ne vaut peut-être pas la vue qu'elle avait sur le Luxembourg depuis son ancien appartement mais le jardin a un charme tout particulier avec ses curiosités, comme l'enseigne d'horloger et la boule de verre autrichienne destinée à éloigner les oiseaux.*

Oben links: *Diese Teetassen im Directoire-Stil haben eine Geschichte zu erzählen. Sie wurden nämlich erst in den vierziger Jahren bei Le Vase Etrusque für Pellés Mutter angefertigt.*
Oben rechts: *einige der Kuriositäten, die Marie-Paule Pellé sammelt.*
Rechte Seite: *ein Blick in die Küche, wo Pellé oft ihre Gäste bewirtet. Der Landhaustisch stammt von den Weingütern um Bordeaux. Die Schemel sind aus den dreißiger Jahren, die Louis XV.-Stühle Familienerbstücke.*
Folgende Doppelseite: *Das Küchenfenster geht auf einen kleinen Hof hinaus, den Pellé in einen bezaubernden Stadtgarten verwandelt hat. Auch wenn er nicht ganz den Verlust des Ausblicks auf den Jardin du Luxembourg wettmacht, den sie von ihrer früheren Wohnung aus besaß, so verfügt er doch über einen ganz eigenen Charme: ein Uhrmacherschild oder eine österreichische Glaskugel, die Vögel verscheuchen soll, machen einen Teil des »Mobiliars« aus.*

To find out that Pierre et Gilles live in a kitsch and colourful loft on the fringes of Paris is not altogether unexpected. Their aesthetics, as reflected in the decors and subject matter of their pictures, are quite unmistakable. However, their space is nevertheless surprising because of the painstaking attention to detail, the minuteness with which the mosaics have been designed, the thoroughness with which every available surface has been decorated. The tacky plastic dolls, post-cards, religious talismans, good luck charms, wall ornaments and silk flowers that have invaded the place are all souvenirs from trips or presents from friends. They live and work on three levels, with their studio in the basement, and the space is a shrine to all that is seductive about bad taste, to "flying ducks above the mantelpiece" style and to a passion for all that glitters – but is not gold.

Pierre et Gilles

Que Pierre et Gilles habitent un loft aussi kitsch que coloré à la lisière de Paris n'est pas tout à fait surprenant quand on connaît leur esthétique, telle qu'elle se donne dans les décors et les sujets de leur peinture. On n'en est pas moins étonné de l'attention minutieuse portée aux détails, de la méticulosité avec laquelle les mosaïques ont été dessinées et de la décoration profuse des surfaces. Les drôles de poupées en plastique, les cartes postales, les talismans et les porte-bonheur, les ornements muraux et les fleurs en soie qui ont envahi l'espace sont des souvenirs de voyages ou des cadeaux d'amis. Pierre et Gilles occupent trois niveaux où ils vivent et travaillent. Au sous-sol, l'atelier évoque un temple tout entier dédié au mauvais goût dans ce qu'il peut avoir de fascinant, avec une passion marquée pour le «chic concierge» et tout ce qui brille — mais qui n'est pas or!

Daß Pierre et Gilles in einem kitschigen und bunten Loft am Rande von Paris wohnen, überrascht nicht weiter. Ihr Geschmack, wie er sich in der Ausstattung und den Motiven ihrer Bilder manifestiert, ist ganz unverkennbar. Was allerdings überrascht, ist die äußerst überlegte Ausgestaltung der Räume bis in kleinste Details, die Akribie, mit der sie etwa die Mosaike entwarfen, oder die Sorgfalt, mit der sie jede verfügbare Fläche ausschmückten. Die kitschigen Plastikpuppen, Postkarten, religiösen Talismane, Glücksbringer, der Wandschmuck und die Seidenblumen, mit denen die Wohnung vollgestopft ist, sind allesamt Reiseandenken oder Geschenke von Freunden. Pierre et Gilles wohnen und arbeiten auf drei Ebenen, ihr Atelier befindet sich im Keller. Das Ganze ist eine einzige Hommage an die verführerische Seite des schlechten Geschmacks, eine Leidenschaft für alles, was glänzt, aber kein Gold ist.

Previous page: *view of the kitchen and bar. The mosaics are by Sangay, an Indian artisan. Pierre et Gilles wanted to recreate an oriental atmosphere, designing arches and playing on Indian motifs such as those of the balustrade, which were specially made in Laos.*
Above: *a breakfast service with a personal touch.*
Right: *view of the spiral staircase that leads up to the bedroom and down to the studio, a vast basement where Pierre et Gilles build and photograph all their sets. The space was previously an electronics workshop, with plain cement walls.*

Page précédente: *la cuisine et le bar. Les mosaïques sont de Sangay, un artisan indien. Pierre et Gilles, désireux de recréer une atmosphère orientale, ont conçu les voûtes et repris des motifs décoratifs indiens comme ceux de la balustrade, spécialement fabriqués au Laos.*
Ci-dessus: *petit déjeuner personnalisé.*
A droite: *l'escalier en spirale monte vers les chambres et descend à l'atelier, vaste cave où Pierre et Gilles construisent et photographient tous leurs décors. C'était, auparavant, un atelier d'électronique aux murs de ciment.*

Vorhergehende Seite: *Blick in die Küche und auf die Bar. Die Mosaike fertigte Sangay, ein indischer Kunsthandwerker. Pierre et Gilles wollten ihrer Wohnung ein fernöstliches Ambiente verleihen, indem sie Bogendurchgänge entwarfen und indische Motive einbrachten wie etwa an der Balustrade, die sie in Laos herstellen ließen.*
Oben: *ein Frühstücksgedeck mit persönlicher Note.*
Rechts: *die Wendeltreppe führt hinauf ins Schlafzimmer und nach unten ins Atelier, einen riesigen Keller, wo Pierre et Gilles ihre Installationen kreieren und fotografieren. Der Raum mit seinen nackten Zementwänden ist eine ehemalige Elektrowerkstatt.*

View of the bathroom, where Pierre et Gilles each have a basin. The best possible use has been made of a low-ceilinged square room with no windows: the soothing green mosaic and the arches evoke a hammam, an impression reinforced by the mosaic of the walls, which is the same as that of the bathroom fittings; the space is defined by the geometric shapes of the niches and fittings.

La salle de bains, avec deux lavabos. Pierre et Gilles ont tiré le meilleur parti possible de cette pièce carrée au plafond bas, sans fenêtre. L'apaisante mosaïque verte et les voûtes font penser à un hammam, impression renforcée par l'unité du carrelage, similaire sur les murs et la baignoire. La niche et les éléments structurent, en fait, tout l'espace.

Blick ins Badezimmer, in dem jeder der beiden ein eigenes Waschbecken hat. Der quadratische, fensterlose Raum mit niedriger Decke ist optimal ausgenutzt worden: Das beruhigende grünliche Mosaik und die Bögen erinnern an ein türkisches Bad. Dieser Eindruck wird noch verstärkt, da die Wände sowie die Einfassungen von Badewanne und Waschbecken mit den gleichen Mosaiken gestaltet sind. Das Gesamtbild des Raums wird geprägt durch die geometrischen Formen der Nischen und der Ausstattung.

A shrine to television, where cable TV beamed in from India plays dramatic melodramas in incomprehensible dialects all day long, regularly interspersed with colourful advertising and musical shows – a rich source of inspiration for the artists. All around, lighted candles, toys, souvenirs . . . and birds which Pierre et Gilles allow to fly freely around the house.

Un autel-télévision qui retransmet tout au long du jour, par satellite, des comédies musicales, des mélodrames, des variétés et des publicités de l'Inde dans des dialectes incompréhensibles – inépuisable source d'inspiration pour les deux artistes. Autour, des bougies allumées, des jouets, des souvenirs . . . et quelques oiseaux que les deux propriétaires laissent voler librement dans la maison.

Ein Fernseh-Tempel: Per Kabelfernsehen werden aus Indien den ganzen Tag lang Melodramen in unverständlichen Dialekten übertragen, regelmäßig unterbrochen von bunten Werbefilmen und Musikshows – eine reiche Inspirationsquelle für die Künstler. Drumherum brennende Lichter, Spielzeug, Souvenirs ... und Vögel, die Pierre et Gilles frei im Haus fliegen lassen.

The exterior of the huge space the Poiriers have built for themselves resembles a plain warehouse: inside, over two storeys, is the fragile universe of their artistic personas. Together they sculpt monumental pieces, using references to their common past, experimenting with metals, with Greco-Roman symbolism, with calligraphy. Their work is incisive, uncompromising. The family home, an integral part of their enormous atelier, shares some of the same characteristics. Industrial materials have been used to great effect: metal and cement create a neutral environment in tones of grey and white to set off the Pouriers' own home-made furniture, improvised on the basis of their own sculptures.

Patrick et Anne Poirier

Vu de l'extérieur, l'immense bâtiment que les Poirier se sont fait construire ressemble à un entrepôt. A l'intérieur se déploie sur deux étages l'univers délicat de leur personnalité artistique. Ensemble, ils sculptent des pièces monumentales qui sont autant de références à la mémoire commune. Ils expérimentent avec les métaux, le symbolisme gréco-romain, la calligraphie. Leur art est réfléchi, exigeant – des traits que l'on retrouve dans le lieu où ils vivent, lieu qui se confond du reste avec leur gigantesque atelier. Les matériaux industriels sont utilisés avec une redoutable efficacité visuelle. Le métal et le béton créent un environnement neutre dont les tons de gris et de blanc mettent en valeur les meubles que les artistes ont improvisés à partir de leurs sculptures.

Von außen erinnert das riesige Wohnhaus der Poiriers an ein einfaches Lagerhaus. Über zwei Stockwerke erstreckt sich im Inneren das zerbrechliche Universum ihrer Künstlerpersönlichkeiten. Zusammen schaffen sie eindrucksvolle Skulpturen voller Anspielungen auf die gemeinsame Vergangenheit und experimentieren mit Metallen, griechisch-römischer Symbolsprache und Kalligraphie. Ihre Arbeiten sind scharf und kompromißlos, und der Wohnbereich, der mit ihrem riesigen Atelier eine Einheit bildet, zeigt viele der gleichen Merkmale. Industrielle Werkstoffe kommen wirkungsvoll zum Einsatz: Metall und Beton schaffen ein neutrales Umfeld in Grau- und Weißtönen, das die selbstgebauten, aus Skulpturen improvisierten Möbel der Pouriers gut zur Geltung bringt.

Favourite pieces brought back from extensive travels all over the world include dozens of Kilims; the table is a reconverted Poirier piece.

Des objets fétiches (notamment des dizaines de kilims) rapportés de voyages aux quatre coins de monde; la table est une sculpture de Poirier reconvertie.

Einige Lieblingsstücke, Souvenirs von ausgedehnten Reisen in alle Welt, darunter Dutzende von Kelims; als Tisch dient eine Arbeit der Poiriers.

A view of the vast atelier where the husband and wife team works; the size of much of their monumental œuvre has determined the industrial proportions of the studio.

Vue du grand atelier des deux artistes. La monumentalité de leurs œuvres a nécessité l'aménagement de cet espace aux proportions industrielles.

Blick in das riesige Atelier, in dem das Ehepaar gemeinsam arbeitet; die Proportionen des Ateliers erklären sich aus der Größe vieler ihrer monumentalen Arbeiten.

CUADERNO POPOL - VUN
GILBERT LASCAULT
ROYALE
STADT
NOTE
l'estetico e il selvaggio
1979
LACLOS
Les liaisons dangereuses
1. Exil en Europe
LE NAUFRAGE
NIETZSCHE
CALVINO
NUIT D'HIVER
VOYAGEUR
ROMAN/SEUIL

***Left:** a slew of art books and catalogues, often consulted, has converted the mezzanine into an informal reading room.*
***Above:** view of the smaller ateliers, including, above right, the table where the more precious work, such as goldleafing, is done. Supermarket trolleys are used to transport material around the atelier.*

***A gauche:** des piles de livres d'art et de catalogues souvent feuilletés ont transformé la mezzanine en salle de lecture.*
***Ci-dessus:** vue des petits ateliers. On peut voir, en haut et à droite, la table où sont réalisés les travaux les plus délicats – la dorure à la feuille, par exemple. Des caddies de supermarché servent à transporter le matériel d'un point à l'autre de l'atelier.*

***Links:** Stapel vielbenutzter Kunstbücher und Kataloge haben das Zwischengeschoß in einen Lesesaal von zwangloser Atmosphäre verwandelt.*
***Oben:** Blick in die kleineren Ateliers; der Tisch unten links wird für diffizile feinmechanische Tätigkeiten benutzt, wie etwa das Vergolden. Materialien werden in einem Einkaufswagen aus dem Supermarkt durch die Ateliers transportiert.*

Above and right: *view of the minimalist kitchen and bathroom. The industrial-looking stairways are common to both the working and living quarters.*

Ci-dessus et à droite: *vue de la cuisine et de la salle de bains, deux pièces de style ultra-sobre. L'escalier de style industriel dessert à la fois l'atelier et les pièces d'habitation.*

Oben und rechts: *Blick in die minimalistisch eingerichtete Küche und das Badezimmer. Die Treppen, die an die Aufgänge in einer Fabrik erinnern, finden sich sowohl im Wohn- als auch im Arbeitsbereich.*

The most important point about this Left Bank Parisian loft is that it was the very first; conceived in 1977, it inspired many other such spaces. Andrée Putman is neither a designer nor a decorator but a fabulously talented "eye" who likes to redefine space with light and volume as much as with furniture. She terms herself an "archaeologist of modernity", referring to her re-editions of classics from such designers as Jean-Michel Frank, Eileen Gray and Robert Mallet-Stevens, but she is also a Parisienne extraordinaire who has designed her own apartment with a great sense of what she needs for her life; space, light, calm and a garden on the roof.

Andrée Putman

Conçu en 1977, ce loft de la rive gauche, le tout premier à Paris, suscita un grand engouement pour ce type d'espace dont il fut la source d'inspiration. Andrée Putman est plus qu'une styliste ou une décoratrice: elle a surtout un «œil» infaillible et est extraordinairement douée pour restructurer l'espace en jouant autant de la lumière et des volumes que du mobilier. Elle se définit elle-même comme «une archéologue de la modernité», faisant ainsi allusion à ses rééditions des grands classiques du design signés Jean-Michel Frank, Eileen Gray ou Robert Mallet-Stevens , pour ne citer qu'eux. Cette extraordinaire Parisienne a réalisé son intérieur en soignant tout particulièrement ce qui lui est essentiel: la lumière, le calme et son jardin suspendu.

Das Wichtigste an diesem Pariser Loft am linken Ufer ist die Tatsache, daß es das erste seiner Art war. Sein Entwurf geht auf das Jahr 1977 zurück, und seither hat es Anregungen für eine Vielzahl ähnlicher Wohnungen geliefert. Andrée Putman ist keine Designerin oder Innenarchitektin im üblichen Sinne, aber sie besitzt einen ungeheuer sicheren Blick für die Möglichkeiten eines Raumes, die sie durch die geschickte Ausnutzung von Licht und Volumen sowie Möbeln erschließt. Sie selbst nennt sich eine »Archäologin der Moderne«, eine Anspielung auf ihre Neuauflagen von Designklassikern wie Jean-Michel Frank, Eileen Gray oder Robert Mallet-Stevens. Sie ist natürlich auch eine außergewöhnliche Pariserin, die ihre eigene Wohnung mit viel Sinn für das eingerichtet hat, was sie zum Leben braucht: Raum, Licht, Ruhe und einen Dachgarten.

***Page 266:** an 18th century mirrored grandfather clock from the Rhine, decorated with a motif of grapes. The table was a present from Karl Lagerfeld and the ebony armchairs originally belonged to Sarah Bernhardt.*
***Above:** a cigar box by Lalanne is placed on an antique coffee table. The bentwood chairs are Michael Thonet and there is a garden chair in the far corner.*

***Page 266:** une horloge sur pied du 18e siècle, originaire de Rhénanie, couverte de miroirs à motifs de grappes de raisin. La table est un cadeau de Karl Lagerfeld et les fauteuils en ébène appartenaient à Sarah Bernhardt.*
***Ci-dessus:** une boîte à cigares de Lalanne est posée sur une ancienne table de café. Les chaises en bois cintré sont de Michael Thonet; au fond, dans le coin, un siège de jardin.*

***Seite 266:** Die Standuhr aus dem Rheinland (18. Jahrhundert) ziert eine Spiegeltür mit Weinrankenornament. Der Tisch ist ein Geschenk von Karl Lagerfeld, die Ebenholzsessel gehörten ursprünglich Sarah Bernhardt.*
***Oben:** eine Zigarrenkiste von Lalanne auf einem alten Kaffeehaustisch. Die Bugholzstühle stammen von Michael Thonet. In der hinteren Ecke ist ein Gartenstuhl zu erkennen.*

Below: *general view of the apartment, with a Le Corbusier chaise-longue in the foreground and Andrée Putman's collection of design objects in the background. The sobriety of the palette and the harmony of the composition are typical of her work.*
Following double page: *view of the rooftop garden.*

Ci-dessous: *vue générale de l'appartement avec, au premier plan, la chaise longue de Le Corbusier et, au fond, plusieurs meubles des grands designers qu'Andrée Putman aime. La sobriété de la gamme de couleurs et l'harmonie de la composition d'ensemble sont caractéristiques de son travail.*
Double page suivante: *le jardin suspendu.*

Unten: *Gesamtansicht der Wohnung mit einer Chaiselongue von Le Corbusier im Vordergrund und Andrée Putmans Sammlung von Designobjekten weiter hinten. Die nüchterne Palette und die ausgewogene Gesamtkomposition sind typisch für ihre Arbeit.*
Folgende Doppelseite: *ein Blick auf den Dachgarten.*

RAVAGE
SEL
POIVRE
RAVAGE
LE SOMMEIL
LA NUIT
LA MORT
JEANNE
JOSEPH

Ravage is the name of a Dutch designer duo who create furniture and objects in characteristically bold designs. Most of them close enough to great cultural references that are so much part of the collective visual memory that they all look familiar. The truth is, however, that they are copies of originals that have never existed, rich with references to antiquity and neo-classical design. Ravage have been living in their Montparnasse apartment for several years now, but it is in constant flux as their creations evolve. The 19th century building has pleasant proportions and original mouldings that serve as a backdrop to their designs.

Ravage

Ravage est, en fait, le nom d'un duo de designers hollandais qui créent des meubles et des objets bien reconnaissables: beaucoup jouent la référence à des cultures qui sont tellement gravées dans la mémoire visuelle collective qu'ils nous semblent parfaitement familiers. Pourtant, il s'agit souvent de copies d'originaux n'ayant jamais existé, inspirés de l'antiquité ou du néo-classicisme. Les deux créateurs vivent depuis plusieurs années dans un appartement de Montparnasse qui ne cesse de se transformer avec leurs créations. L'immeuble 19e a des proportions harmonieuses, et ses stucs et moulures d'origine offrent une intéressante toile de fond aux objets de Ravage.

Unter dem Namen Ravage firmieren zwei aus Holland stammende Designer, die Möbelstücke und Kunstgegenstände in einer ganz und gar unverwechselbaren Art kreieren. Die meisten dieser Objekte rufen visuelle Eindrücke ins Gedächtnis zurück, die so sehr Allgemeingut geworden sind, daß sie allesamt sofort als vertraut empfunden werden. Tatsächlich aber sind sie Kopien von Originalen, die es niemals gegeben hat, voller Anspielungen auf die klassische Antike und den Klassizismus. Die beiden leben nun schon seit einigen Jahren in dieser Wohnung in Montparnasse, doch alles hier ist ständig in Bewegung, je nachdem, in welche Richtung sich ihre Schöpfungen gerade entwickeln. Das Gebäude mit angenehmen Proportionen und Stuckverzierungen im Originalzustand, die zugleich einen schönen Hintergrund für die Objekte von Ravage abgeben, stammt aus dem 19. Jahrhundert.

***Page 272:** a detail of the dining room, papered with very graphic original sketches. Ravage religiously do one a day, a kind of visual diary of new inspirations, day-to-day occurrences or future projects. These are soon to be edited in book form. The china, dubbed "Napoleon IV", is also of their design.*
***Above:** view of the bedroom with screens and bedcloths from their "Warriors" collection for Neotù, New York, based on the iconography of war – and peace.*

***Page 272:** un détail de la salle à manger tapissée d'un papier imprimé aux motifs originaux extrêmement graphiques. Ravage en fait religieusement un par jour, tel une sorte de journal en images pour noter une source d'inspiration, un événement quotidien ou un projet futur. La vaisselle, baptisée «Napoléon IV», est aussi d'eux.*

***Ci-dessus:** la chambre à coucher avec des paravents et un dessus-de-lit de leur série «Warriors» créée pour Neotù, New York, basée sur une iconographie de guerre – et de paix.*

***Seite 272:** eine Detailaufnahme des Eßzimmers, das mit sehr auffälligen Originalskizzen ausgekleidet wurde. Ravage hat es sich zur Regel gemacht, einen Entwurf pro Tag zu fertigen. So entsteht eine Art visuelles Tagebuch neuer Anregungen, der täglichen Vorkommnisse und zukünftiger Projekte. Diese Blätter sollen bald auch in Buchform erscheinen. Das Geschirr ist ebenfalls ein eigener Entwurf, den die beiden »Napoleon IV.« getauft haben.*
***Oben:** Blick in das Schlafzimmer mit Wandschirmen und Bettzeug aus ihrer Kollektion »Warriors« für Neotù in New York mit Bildern von Krieg – und Frieden.*

A view of the dining room. The table doubles as a desk and the chairs are wood and metal prototypes. The cupboard is also from the "Warriors" collection, one of the characteristics of which is that the pieces are mobile and can be easily dismantled.

La salle à manger. La table sert également de bureau; les chaises sont des prototypes en bois et métal. Le buffet appartient aussi à la série «Warriors» dont une des caractéristiques est la mobilité des pièces facilement démontables.

Ansicht des Eßzimmers. Der Tisch dient gleichzeitig als Arbeitstisch. Die Stühle sind Protoypen aus Holz und Metall. Der Schrank stammt ebenfalls aus der Kollektion »Warriors«, bei der jedes Stück leicht zu bewegen und auseinanderzunehmen ist.

Paris Interiors Jean-Louis Riccardi

This apartment, in a house built for Count de Leusse when the 16th arrondissement was little more than a village, boasts high ceilings and interesting proportions, as well as classical fluted columns. Jean-Louis Riccardi has decorated it in the style of the apartment of the 30s' designer Emilio Terry, with multiple references to the 19th century Russian, Italian and English styles so beloved of Madeleine Castaing, the doyenne of French decorators, whom Riccardi adored. Theatrical but intimate, the juxtapositions of objects and styles have a soothing effect; Riccardi is an aesthete, and all the senses are pandered to. During the summer, his balcony is overrun with honeysuckle and its perfume permeates the house. The large, dim, traditional Parisian kitchen is where his celebrated dinners, often on a Moroccan or Italian theme, are prepared. Guests laze on cushions amidst the fascinating accumulation of objects that Jean-Louis has picked up over the years. Intensely personal, the apartment reveals a fascination all its own.

Jean-Louis Riccardi

L'appartement, dans un immeuble construit pour le comte de Leusse quand le XVIe arrondissement était à peine plus qu'un village, bénéficie d'une grande hauteur sous plafond, de proportions harmonieuses et de colonnes classiques cannelées. Jean-Louis Riccardi l'a décoré dans le style du célèbre designer des années 30, Emilio Terry, parsemant ici et là des références au 19e siècle russe, italien et anglais qu'aimait tant Madeleine Castaing, la doyenne des décorateurs français et l'idole de Riccardi. Théâtrale mais jamais pompeuse, la juxtaposition d'objets et de styles donne la sensation d'une paisible intimité. Riccardi, en véritable esthète, sait mettre en éveil tous les sens. En été, son balcon est couvert de chèvrefeuille qui embaume toute la maison. La grande cuisine, typiquement parisienne, offre son décor à de célèbres dîners souvent conçus autour de thèmes marocains ou italiens. Les invités s'installent sur les coussins parmi une fascinante accumulation d'objets que Jean-Louis a collectionnés au fil des ans. Très personnel, l'appartement dégage un charme irrésistible.

Das Haus, in dem diese Wohnung liegt, ließ der Graf de Leusse erbauen, als das 16. Arrondissement kaum mehr als ein Dorf war. Jean-Louis Riccardi hat sie im Stil der Wohnung Emilio Terrys gestaltet. Daneben finden sich viele Anklänge an den russischen, italienischen und englischen Stil des 19. Jahrhunderts, für den Madeleine Castaing, die von Riccardi bewunderte Altmeisterin der französischen Innenausstatter, eine große Schwäche hatte. Das theatralische, aber intime Nebeneinander von Objekten und Stilen wirkt beruhigend. Riccardi ist Ästhet, und in diesem Ambiente werden alle Sinne angesprochen. Im Sommer ist sein Balkon von Geißblatt überwuchert, dessen Honigduft das Haus durchströmt. In der großen, jedoch dezent wirkenden traditionellen Pariser Küche werden seine berühmten marokkanischen oder italienischen Diners zubereitet. Die Gäste machen es sich auf Kissen bequem, umgeben von der faszinierenden Sammlung sehr verschiedener Gegenstände, die Jean-Louis zusammengetragen hat.

PORTRAITS DE COUR • CECIL BEATON

Left: *view of the salon, with part of Riccardi's collection of Eiffel towers and other strange and wonderful objects picked up all around the world.*
Above: *a masked Columbine from a set of plaster statues of commedia dell'arte characters from the 40s.*
Following double page: *a view of the dining room in bold blue-green and white stripes. The large neo-gothic bookcase dates from 1850 and was found in a mansion in Toulouse.*

A gauche: *le salon avec une partie de la collection de Tours Eiffel de Jean-Louis ainsi que d'autres étonnants objets venus de tous les coins du monde.*
Ci-dessus: *une Colombine masquée, pièce d'une collection de personnages en plâtre des années 40 inspirés de la Commedia dell'arte.*
Double page suivante: *la salle à manger dans un audacieux bleu vert à rayures blanches. La grande bibliothèque néo-gothique de 1850 a été trouvée dans un hôtel particulier toulousain.*

Links: *Blick in den Salon mit einem Teil von Riccardis Eiffelturm-Sammlung und anderen kuriosen und wunderschönen Objekten, die er auf seinen Reisen in alle Welt gesammelt hat.*
Oben: *eine maskierte Kolumbine (um 1940); eine von mehreren Gipsstatuen, die Figuren aus der Commedia dell'arte darstellen.*
Folgende Doppelseite: *Blick ins Eßzimmer und auf das gewagte Blaugrün mit weißen Streifen. Der große neugotische Bücherschrank stammt aus dem Jahre 1850 und wurde in einem Herrenhaus in Toulouse aufgestöbert.*

Above: *the bathroom, with its multi-coloured tiles and a painting in an amusing leopard-print frame, found in an antiques shop in Biarritz.*
Left: *view of the bedroom. The fabric on the wall is by Michelle Halard, inspired by the lining of an 18th century dress. Above the bed there is a collection of good luck talismans and other trinkets. A square table by the bed is for the restored antique telephone, flowers, books and other "necessaries".*

Ci-dessus: *la salle de bains avec ses carreaux multicolores et un tableau dans un amusant cadre léopard acheté chez un antiquaire à Biarritz.*
A gauche: *la chambre à coucher; les murs sont tapissés d'un tissu de chez Michelle Halard inspiré d'une doublure de robe 18e siècle. Au-dessus du lit, une collection de talismans et autres bibelots. Une table carrée, près du lit, supporte l'ancien téléphone restauré, des fleurs, des livres et autres «objets utiles».*

Oben: *das Badezimmer mit farbigen Kacheln und einem Gemälde mit witzigem Rahmen im Leopardenmuster, der aus einem Antiquitätenladen in Biarritz stammt.*
Links: *Blick ins Schlafzimmer. Die Wandbespannung hat Michelle Halard kreiert, die sich dabei vom Futterstoff eines Kleides aus dem 18. Jahrhundert anregen ließ. Über dem Bett eine Reihe von Glücksbringern und andere Nippsachen. Der quadratische Tisch neben dem Bett bietet dem restaurierten alten Telefon, Blumen, Büchern und sonstigen »unerläßlichen« Dingen Platz.*

There is something Proustian and comforting about this sea-green kitchen where nothing, except for kitchen utensils, seems to have changed since the beginning of the century. Riccardi, although a very private person, enjoys entertaining for his friends, and during his dinner parties every detail is carefully attended to, right down to the cinnamon spiced coffee.

La cuisine a quelque chose de proustien et de rassurant avec ses tons vert d'eau; rien, excepté les ustensiles de cuisine, ne semble avoir bougé depuis le début du siècle. Riccardi, quoique très jaloux de sa vie privée, aime recevoir ses amis et soigne tous les détails de ses dîners, jusqu'au café parfumé à la cannelle.

Die in Seegrün gehaltene Küche, in der außer den Küchengeräten seit der Jahrhundertwende scheinbar nichts verändert worden ist, wirkt mit ihrer Proustschen Atmosphäre recht behaglich. Riccardi, der eigentlich sehr zurückgezogen lebt, bereitet es großes Vergnügen, seine Freunde zu bewirten, und bei seinen Diners achtet er sorgfältig auf jedes Detail, bis hin zu dem mit Zimt gewürzten Kaffee.

MEUBLES D'ART
Michel Dufet
SERRURIER-BOVY
Les arts décoratifs de 1790 à 1850
le cinéma
WIENER WERKSTÄTTE

How can one describe the charm of this implausible little house, all in white wood, its façade overrun with ivy, peacefully dreaming dreams right in the middle of one of the world's busiest, most bustling flea markets? Only a few metres away from Christian Sapet's stand no. 81a in the Paul-Bert section of the Saint-Ouen flea market is his little "weekend cottage", magically transformed from a run-down council house. The whole interior is in whitewashed planking, with narrow stairs that turn this way and that, linking the different levels. Sapet designed the entire space and restructured it completely, splitting the levels so that there are no real rooms, just comfortable corners in which to read, sleep and work. He also installed two bathrooms and a skylight. He designed all the details, right down to the correct functioning of the wooden blinds.

Christian Sapet

Comment décrire le charme de cette incroyable petite maison tout en bois blanc avec sa façade couverte de lierre, qui rêve paisiblement au milieu d'un des marchés aux puces les plus actifs, les plus animés du monde? A quelques mètres seulement du stand 81 bis de Christian Sapet, dans la section Paul-Bert des célèbres Puces de Saint-Ouen, se dresse son petit «cottage de week-end», magiquement transformé à partir d'une ancienne habitation à loyer modéré. A l'intérieur, un plancher décapé et blanchi et un étroit escalier qui sinue capricieusement entre les différents niveaux. Sapet a totalement restructuré l'espace en faisant éclater les anciens étages de sorte qu'il n'y a plus de pièces à proprement parler mais des coins confortables pour lire, dormir ou travailler. Il a aussi installé deux salles de bains et une faîtière. Il a pris soin de dessiner tous les détails, y compris les stores en bois.

Wie soll man den Charme dieses unglaublichen kleinen Hauses in Worte fassen, eines Hauses, das – ganz aus weißem Holz und mit efeuberankter Fassade – inmitten eines der geschäftigsten und lebendigsten Flohmärkte der Welt friedlich vor sich hin träumt? Nur wenige Meter von Christian Sapets Stand mit der Nummer 81a in der Paul-Bert-Sektion des Flohmarkts von Saint-Ouen liegt sein kleines »Wochenendhäuschen«, das, wie von Zauberhand verwandelt, keine Spuren mehr von seiner Vergangenheit als Sozialwohnung trägt. Das Innere des Hauses besteht ganz aus weiß getünchten Holzdielen. Eine gewundene schmale Treppe verbindet die verschiedenen Ebenen. Sapet hat das ganze Haus neu konzipiert und völlig umgestaltet: Die verschiedenen Wohnebenen hat er so unterteilt, daß es keine Zimmer im eigentlichen Sinne mehr gibt, sondern nur gemütliche Ecken zum Lesen, Schlafen und Arbeiten. Außerdem ließ er zwei Badezimmer und ein Oberlicht einbauen. Alle Details sind von ihm selbst entworfen, bis hin zu den exakt funktionierenden hölzernen Jalousien.

Page 284: *a 19th century marble bust on an 18th century wooden column in faux marble. The sofa and armchair are 19th century.*
Above: *a view of the ground floor with an alabaster lantern and a 1930s' table in wrought iron and marble. The Napoleon III leather chaise-longue is one of Sapet's favourite pieces.*

Page 284: *un buste du 19e siècle sur une colonne du 18e siècle en bois travaillé façon marbre. Le canapé et le fauteuil sont du 19e siècle.*
Ci-dessus: *vue du rez-de-chaussée, avec une lanterne en albâtre et une table 1930 en marbre et fer forgé. La chaise longue en cuir Napoléon III est l'un des meubles préférés de Sapet.*

Seite 284: *Die aus dem 19. Jahrhundert stammende Marmorbüste steht auf einer hölzernen Säule mit Marmordekor (18. Jahrhundert). Sofa und Sessel kommen aus dem 19. Jahrhundert.*
Oben: *Blick in das Erdgeschoß mit einer Alabasterlaterne und einem Tisch der dreißiger Jahre aus Schmiedeeisen und Marmor. Die lederne Chaiselongue aus der Zeit Napoleons III. zählt zu Sapets Lieblingsstücken.*

Right: *a Directoire bed has been transformed into a comfortable sofa and piled up with fat cushions made from Kilims. Slatted blinds allow the light to filter through softly.*
Below: *the stairs climb to all the levels, imposing odd angles and sloping ceilings. A peaceful corner harbours two English Arts and Crafts armchairs.*
Following pages: *curios abound and are juxtaposed with élan. In the music room, a few steps down from the bedroom, the light filters through the newly installed skylight.*

Ci-contre: *un lit Directoire a été transformé en un canapé confortable où s'empilent de gros coussins en kilim. Les stores à lamelles filtrent subtilement la lumière.*
Ci-dessous: *l'escalier qui relie tous les niveaux, aux angles bizarres et aux plafonds pentus. Un coin paisible abrite deux fauteuils anglais Arts and Crafts.*
Pages suivantes: *une riche collection d'objets disposés avec un grand sens de l'espace et du rythme. Le salon de musique et, quelques marches plus bas, la chambre à coucher qui reçoit la lumière de la faîtière récemment installée.*

Rechts: *Ein Bett im Directoire-Stil wurde in ein bequemes Sofa mit dicken, kelimbezogenen Kissen verwandelt. Lattenjalousien sorgen für sanftes Licht.*
Unten: *Die Treppe verbindet die verschiedenen Wohnebenen miteinander und bildet ungewöhnliche Winkel und schräge Deckenflächen. In einer gemütlichen Ecke finden sich zwei englische Arts-and-Crafts-Sessel.*
Folgende Seiten: *geschmackvoll arrangierte Gegenstände in unkonventionellen Zusammenstellungen. Das Musikzimmer, das einige Stufen tiefer liegt als das Schlafzimmer, erhält sein Tageslicht durch das neu eingebaute Oberlicht.*

LES REALISMES
DE GRECO À PICASSO
LA SCULPTURE
MAN RAY
STATUES DE CHAIR

RUSSIAN FURNITURE
VICTORIAN AND EDWARDIAN FURNITURE AND INTERIORS

Above left: *the bathroom, at the very top of the house. The glass and iron windows were salvaged from the long-gone Hôtel d'Orsay in the defunct Orsay railway station.*
Above right: *the kitchen, with chairs by Jean Royère, and a 40s' mirror.*
Right: *the bedroom, with an 18th century wrought iron bed.*

Ci-dessus à gauche: *la salle de bains au dernier étage. Les fenêtres en vitre et fer forgé proviennent de l'hôtel d'Orsay, depuis longtemps disparu, dans l'ancienne gare d'Orsay.*
Ci-dessus, à droite: *la cuisine avec des chaises de Jean Royère et un miroir des années 40.*
A droite: *la chambre à coucher avec le lit en fer forgé du 18e siècle.*

Oben links: *das Badezimmer auf der oberen Wohnebene. Die Fenster mit ihren eisernen Rahmen gehörten ursprünglich zum legendären, längst abgerissenen Hotel d'Orsay am ehemaligen Gare d'Orsay.*
Oben rechts: *die Küche mit Stühlen von Jean Royère und einem Spiegel aus den vierziger Jahren.*
Rechts: *das Schlafzimmer mit einem schmiedeeisernen Bett aus dem 18. Jahrhundert.*

The American photographer David Seidner had always wanted to live in an artist's atelier – the quality of the light in his studio-cum-appartment was a primary consideration. He has transformed the interior into a neutral, minimalistic space: "delabré" walls plastered in pale green tones soar up to five metres, reflecting the steady light. The atelier has an extraordinarily intense atmosphere, due to the monochromatic palette and the very precise reworking of the architectural volumes. Deliberate choices have been made by David as to all the finishings, the placing of the furniture and the apportioning of the space; his Paris atelier reflects the attention to detail and unique aesthetic which can also be found in his work.

David Seidner

Le photographe américain David Seidner rêvait depuis toujours d'habiter dans un atelier d'artiste. Ce qui lui plaît le plus dans son appartement-studio? La lumière. Pour l'obtenir, il a fait enduire les murs sur cinq mètres de hauteur d'un plâtre teinté de vert pâle qui diffuse une lumière uniforme. Il règne dans son studio une atmosphère extrêmement intense qu'accentuent le choix d'une teinte monochrome et la réorganisation très méthodique des espaces. David a soigneusement choisi chaque élément de son appartement, de la disposition des pièces à l'agencement des meubles, en passant par les accessoires. Son studio parisien reflète fidèlement son sens du détail et les qualités esthétiques qui caractérisent son travail.

Schon immer hatte der amerikanische Fotograf David Seidner sich eine Wohnung in einem Künstleratelier gewünscht, und besonders auf das Licht in einer solchen Atelierwohnung kam es ihm an. Er hat sich im Inneren ein neutrales, spärlich möbliertes Umfeld geschaffen: Altes Mauerwerk, verputzt in einer wahren Vielfalt von blassen Grüntönen, ragt fünf Meter hoch empor und reflektiert das stets gleichmäßige Licht. Die Beschränkung auf eine Farbe und die sorgfältige Herausarbeitung der architektonischen Gestalt geben dem Atelier eine außerordentlich intensive Atmosphäre. Über Ausstattung, Anordnung der Möbel und Raumverteilung hat David lange nachgedacht; sein Pariser Atelier zeugt von seiner Liebe zum Detail und seinem einzigartigen Kunstsinn, der auch die eigenen Arbeiten prägt.

Page 292: *the main dining area. The chairs are in the spirit of Jean-Michel Frank, the designer David admires above all others. The unusual post-war table has a fibreglass top and cement legs in a trompe-l'œil of tree branches.*
Above: *view of the salon area, with Frank's sofa and armchairs, an African stool and a lamp by Marc du Plantier. The carpet was designed in the 40s by Jules Lelen.*

Page 292: *l'espace salle à manger. Les chaises sont un clin-d'œil du côté de Jean-Michel Frank, un designer que David admire plus que tout autre. La curieuse table datant de l'après-guerre a un plateau en fibre de verre et trois pieds en béton imitant des branches d'arbre.*
Ci-dessus: *une vue du coin salon, avec un canapé et des fauteuils de Frank, un tabouret africain et une lampe signée Marc du Plantier. Le tapis a été dessiné dans les années 40 par Jules Lelen.*

Seite 292: *der Haupt-Eßbereich. Die Stühle sind im Stil des Designers Jean-Michel Frank konzipiert, den David ganz besonders schätzt. Der ungewöhnliche Tisch aus der Nachkriegszeit hat eine Platte aus Fiberglas und Beine aus Beton, die in Trompe-l'œil-Technik bemalt sind und Äste vortäuschen.*
Oben: *Blick in den Wohnzimmerbereich, mit einem Sofa und Sesseln von Frank, einem afrikanischen Hocker und einer Lampe von Marc du Plantier. Bei dem Teppich handelt es sich um einen Entwurf aus den vierziger Jahren von Jules Lelen.*

Under the sloping roof are the bookcases that David designed himself. The sofa is an Ecart re-edition of a Frank piece. The parquet floors throughout the atelier were first stained white, then oiled, to evoke naturally weathered wood.

Sous le toit en pente, la bibliothèque dessinée par David lui-même. Le sofa est une réédition Ecart d'un meuble de Frank. Le parquet du studio a été teint en blanc, puis huilé pour évoquer le bois d'épave blanchi par les embruns.

Die Bücherregale unter der Dachschräge hat David selbst entworfen. Das Sofa ist eine Ecart-Neuauflage eines Stücks von Frank. Die Parkettfußböden im ganzen Atelier wurden weiß gebeizt und dann geölt, um die Wirkung von verwittertem Holz zu erzielen.

Left: *The bedroom, panelled in pegged wood designed by David to evoke a marquetry box. The lamp is by Isamu Noguchi.*
Above left: *mostly monochromatic glazed vases, including some Primavera and Royal Copenhagen.*
Above right: *a colourful selection of what is known as a "Pique-assiette" technique: this literally means "plate stealing" and David collects it with passion. "As my own work deals with fragmentation, it was natural that I should be attracted to it..." he concludes wryly.*

A gauche: *C'est David qui a eu l'idée de tapisser la chambre de boiseries rappelant les anciennes boîtes en marqueterie. La lampe est signée Isamu Noguchi.*
Ci-dessus à gauche: *des vases à glaçure monochrome, notamment des Primavera et Royal Copenhagen.*
Ci-dessus à droite: *des créations de «pique-assiette» (au sens artistique du terme) – car il faut préciser que David est un maniaque de ces pittoresques trésors. «Mon travail porte sur la fragmentation. Alors évidemment tout ce qui évoque la brisure m'attire», confie-t-il avec un grand sourire.*

Links: *Das Schlafzimmer ist von David mit gemaserten Holzpaneelen verkleidet worden, um die Illusion einer intarsierten Holzschachtel zu erwecken. Die Lampe stammt von Isamu Noguchi.*
Oben links: *größtenteils einfarbig glasierte Vasen, darunter einige von Primavera und Royal Copenhagen.*
Oben rechts: *Arbeiten in der sogenannten »Picqueassiette«-Technik; wörtlich übersetzt heißt das »Tellerdiebstahl«, und David sammelt sie mit Begeisterung. »Da meine eigenen Arbeiten ja mit Fragmentierung zu tun haben, war es nur natürlich, daß ich mich davon angezogen fühlte...«, folgert er trocken.*

The jewellery designer Hervé van der Straeten has his atelier in the Parisian equivalent of a New York loft. With light streaming in on both sides, his space, built as a furniture workshop in the 19th century, is full of plants, of airy metal sculptures, of an accumulation of extraordinary objects. There is something slightly unreal about this huge room furnished with greenery, paintings, odd chairs, candle-sticks, benches and pottery. It belongs to the world of fantasy, with Hervé's pet rabbit hopping about and his birds flying freely from branch to branch. The celebrated candlelit dinner parties here are always special: the open air market at the nearby Bastille is truly cosmopolitan and, although he has recently taken to serving proper roast dinners to his friends, Hervé is as instinctive in his cooking as in everything else.

Hervé van der Straeten

Le créateur de bijoux Hervé van der Straeten a installé son atelier parisien, pendant du loft new-yorkais, qui reçoit la lumière des deux côtés. Cet ancien atelier d'ébéniste du 19e siècle est empli d'objets extraordinaires. L'espace meublé de plantes vertes, de tableaux, de sièges isolés, de chandeliers, de bancs et de poteries, dégage une atmosphère vaguement irréelle. C'est un monde onirique, à l'image du lapin d'Hervé qui sautille ici et là et de ses oiseaux qui volettent librement de branche en branche. Ici, les dîners aux chandelles sont réputés pour leur magie: le marché à ciel ouvert, près de la Bastille toute proche, propose des produits du monde entier, bien qu'Hervé ait décidé récemment de servir à ses amis des dîners d'un classicisme plus français. Il laisse autant parler son instinct quand il cuisine que dans le reste de ses activités.

Das Atelier des Schmuckdesigners Hervé van der Straeten ist in gewissem Sinne die Pariser Antwort auf ein New Yorker Loft. Von zwei Seiten fällt das Licht in sein Domizil, das, im 19. Jahrhundert ursprünglich als Möbelwerkstatt erbaut, durch seine Pflanzenfülle, die filigranen Metallskulpturen und außergewöhnliche Gegenstände geprägt ist. Dieser riesige Raum mit seinen Grünpflanzen, Gemälden, einzelnen Sesseln, Kerzenhaltern, Bänken und Keramiken hat etwas seltsam Unwirkliches. Er gehört ebenso ins Reich der Phantasie wie Hervés putziges Zwergkaninchen und die Vögel, die hier frei herum-fliegen können. Tischgesellschaften bei Kerzenschein sind in dieser Umgebung immer etwas ganz Besonderes. Der Straßenmarkt in der Nähe der benachbarten Bastille ist wahrhaft kosmopolitisch. Und obwohl Hervé in letzter Zeit dazu übergegangen ist, seine Freunde mit traditionellen Braten zu bewirten, läßt er sich beim Kochen ebenso von seinen Instinkten leiten wie bei allem anderen.

Page 298: *the long corridor that leads past the workrooms, with its ancient, stripped wood floor and a side table by Hervé.*
Above and right: *the kitchen, with an accumulation of coloured ceramics from the flea market and plastic lobsters and starfish from the fishmongers. The sideboard originally belonged to his grandmother.*
Following double page: *general view of the main space, with a chair by Josef Hoffmann, executed by Thonet, in the foreground. On the far wall there is a silhouette of Hervé by John Powell.*

Page 298: *le long couloir qui longe les pièces de travail, avec son ancien parquet décapé et une console créée par Hervé.*
Ci-dessus et page de droite: *la cuisine avec une joyeuse collection de faïences colorées achetées au marché aux puces et des murs ornés de langoustes en plastique et d'étoiles de mer trouvées chez les poissonniers. Le buffet appartenait à sa grand-mère.*
Double page suivante: *l'espace principal. Au premier plan, un siège de Josef Hoffmann réalisé par Thonet. Sur le mur du fond, une silhouette d'Hervé par John Powell.*

Seite 298: *Der lange Flur mit seinem alten, abgebeizten Holzfußboden und einem Beistelltisch von Hervé führt an den Werkstatträumen vorbei.*
Oben und rechte Seite: *die Küche mit allerlei farbigen Keramiken vom Flohmarkt sowie Hummern und Seesternen aus Plastik vom Fischhändler. Die Anrichte gehörte ursprünglich Hervés Großmutter.*
Folgende Doppelseite: *Gesamtansicht des Hauptwohnraums. Im Vordergrund ein Thonet-Stuhl nach einem Entwurf von Josef Hoffmann. Die rückwärtige Wand schmückt ein Scherenschnittporträt Hervés, eine Arbeit von John Powell.*

Above: *view of the day bed with a canopy in toile. On top of the mirror, next to the cage they rarely use, are the bird-bath and pewter goblets containing their seed and water. The 30s' chairs with beautiful proportions were rescued from a dump.*
Right: *a detail of the main room, with the huge fireplace installed by the previous owners. The objects on the mantle piece include a stuffed crow and various African sculptures, as well as objects picked up in the Paris flea markets. In the foreground, a chess game with pieces designed by Hervé.*

Ci-dessus: *le lit de repos avec un ciel de lit en toile. Au-dessus du miroir, le bain des oiseaux; les graines et l'eau sont placées dans des gobelets en étain, à côté de la cage qu'ils dédaignent le plus souvent. Les chaises des années 30 ont été récupérées dans une décharge.*
Ci-contre: *un détail de la pièce principale avec l'immense cheminée installée par les anciens propriétaires. Sur le manteau, une corneille empaillée et plusieurs sculptures africaines trônent parmi divers objets achetés dans les marchés aux puces parisiens. Au premier plan, un échiquier dont les pièces ont été dessinées par Hervé.*

Oben: *das Ruhebett mit einem Baldachin aus Toile. Oben auf dem Spiegel stehen das Vogelbad und Zinnpokale für Vogelfutter und Wasser. Daneben befindet sich der Käfig, in dem sich die Vögel jedoch nur selten aufhalten. Die wohlproportionierten Stühle aus den dreißiger Jahren stammen vom Sperrmüll.*
Rechts: *eine Detailansicht des Hauptwohnraums mit einem gewaltigen Kamin, den die früheren Besitzer einbauen ließen. Unter den Gegenständen auf dem Kaminsims befinden sich neben einer ausgestopften Krähe und verschiedenen afrikanischen Skulpturen allerlei Dinge, die Hervé auf Pariser Flohmärkten ergatterte. Im Vordergrund ein Schachspiel mit von Hervé entworfenen Figuren.*

Below: *view of the bedroom, with a neo-gothic mirror at the head of the bed and chairs as bedside tables. The three-legged lamp is an assemblage by Hervé. By the window is a "butterfly" chair designed in the late 30s.*
Following pages: *two views of the bedroom, papered with drawings on tracing paper by John Powell. The chartreuse shawl, thrown on the bed, has metal fringes by Hervé.*

Ci-dessous: *la chambre à coucher avec son miroir néo-gothique à la tête du lit et des chaises en guise de tables de chevet. Le lampadaire tripode est une création d'Hervé. Près de la fenêtre une chaise «Papillon» datant de la fin des années 30.*
Pages suivantes: *deux vues de la chambre à coucher tapissée de dessins sur papier calque de John Powell. Le châle couleur chartreuse, jeté sur le lit, est bordé d'une frange métallique conçue par Hervé.*

Unten: *Blick in das Schlafzimmer mit einem neogotischen Spiegel am Kopfende des Bettes und Stühlen, die als Nachttischchen dienen. Die dreibeinige Lampe ist eine Assemblage von Hervé. Am Fenster steht ein »Schmetterlingsstuhl« aus den späten dreißiger Jahren.*
Folgende Seiten: *zwei Ansichten des Schlafzimmers, dessen Wände über und über mit Zeichnungen auf Pauspapier von John Powell bedeckt sind. Den hellgrünen Schal auf dem Bett hat Hervé mit Metallfransen verziert.*

The nondescript exterior of a converted workshop hides one of Paris' most unusual spaces, designed by Tatard and Slovic.

La façade banale d'un ancien atelier cache un des lieux les plus originaux de Paris, créé par Tatard et Slovic.

Hinter der unscheinbaren Fassade einer umgebauten Werkstatt verbirgt sich eine der ungewöhnlichsten Wohnungen von ganz Paris, gestaltet von Tatard und Slovic.

This long narrow space, entirely conceived around a swimming pool, has cathedral-like proportions, with a nine-metre-high roof which can be completely opened up in warm weather. The swimming pool, in fact, occupies the central space, with bedrooms, kitchen, sauna, gym and billiard table arranged around it, rather like cabins on a ship. The bed is thus only a few steps from the water, making slipping into the pool an almost compulsive act. Having the pool incorporated into the main living space is the only way to ensure that it gets used every day, according to Tatard. The other important feature is the kitchen, an impressive installation up to professional standards because Tatard is also a keen gastronome who runs two restaurants.

Patrice Tatard

L'espace étroit, tout en longueur, qui se distribue autour de la piscine, a des proportions de cathédrale avec son plafond haut de neuf mètres, amovible par beau temps. La piscine occupe, bien sûr, l'espace central: les chambres, la cuisine, le sauna, la table de billard et les instruments de gymnastique sont disposés tout autour, un peu comme dans un navire. Le lit se trouve à deux pas de l'eau, proximité qui suscite l'envie irrésistible de s'y plonger. Pour Tatard, installer la piscine dans l'espace d'habitation était le seul moyen de s'obliger à nager tous les jours. Le second élément fondamental de ce lieu est la cuisine, une installation impressionnante qui répond aux normes des professionnels car Tatard est aussi un gastronome passionné qui tient deux restaurants.

Ein Schwimmbecken bildet den Mittelpunkt dieser schmalen, langstreckten Wohnung. Sie hat kathedralartige Ausmaße und verfügt über ein neun Meter hohes Dach, das sich bei warmem Wetter vollständig öffnen läßt. In dieser Wohnung dreht sich buchstäblich alles um den Swimmingpool: Schlafzimmer, Küche, Sauna, Fitneßraum und Billardtisch sind ringsum angeordnet, fast wie auf einem Schiff. Selbst das Bett steht nur wenige Schritte vom Wasser entfernt, so daß man beinahe wie von selbst ins Wasser gleitet. Tatard sagt, nur wenn man den Swimmingpool in die eigentliche Wohnung integriere, könne man sicher sein, daß er auch wirklich jeden Tag genutzt werde. Das zweite herausragende Merkmal dieser Wohnung ist die Küche, deren eindrucksvolle Einrichtung professionellen Ansprüchen genügt, denn Tatard ist auch ein ambitionierter Gastronom, der zwei Restaurants betreibt.

Above left: *the dining area with glass chairs around a table in aluminium designed by Tatard.*
Above right: *the kitchen, scene of Tatard's culinary endeavours.*
Right: *a general view showing the swimming pool in all its turquoise glory and two lamps by Fortuny from Ecart. The cubic black fireplace echoes a freestanding one in the mirrored far wall.*

Ci-dessus à gauche: *l'espace salle à manger avec la table en aluminium dessinée par Tatard et des chaises en verre.*
Ci-dessus à droite: *la cuisine, lieu de prédilection de Tatard.*
Page de droite: *vue d'ensemble montrant la piscine dans sa beauté turquoise et deux lampes Fortuny de chez Ecart. La cheminée cubique et noire est le pendant d'une autre cheminée que l'on peut voir dans le mur tout en miroirs.*

Oben links: *der Eßplatz mit einem von Tatard entworfenen Aluminiumtisch und Glasstühlen.*
Oben rechts: *Blick in die Küche, in der Tatards kulinarische Kreationen Gestalt annehmen.*
Rechte Seite: *eine Gesamtansicht des Swimmingpools in seiner ganzen türkisgrünen Schönheit, beleuchtet durch zwei Fortuny-Lampen von Ecart. Der kubische schwarze Kamin korrespondiert mit einem freistehenden, der in der verspiegelten Wand zu sehen ist.*

Chantal Thomass is a designer of ultra-feminine fashion and lingerie and her home in Saint-Cloud is as charming and flirtatious as her creations. The house was a dusty, neglected, turn-of-the-century construction when she found it seven years ago, but she was attracted to such architectural details as the Art Nouveau staircase, the perfectly preserved parquet and the interesting proportions – and then there was the garden, of course, perfect for her two children. By concentrating on a luminous palette of pale salmon and blond wood, Chantal Thomass has transformed the place: curtainless windows maximise the light and doors have been eliminated to create the impression of more space. The juxtaposition of pieces from the 1930s and 40s with contemporary design works perfectly in the new dimensions.

Chantal Thomass

Chantal Thomass crée une mode ultra-féminine et sa maison de Saint-Cloud est aussi séduisante, aussi irrésistible que sa lingerie. Quand elle l'a découverte, il y a sept ans, c'était une demeure négligée et poussiéreuse du tournant du siècle mais elle lui a plu par de remarquables éléments architecturaux, tels son escalier Art nouveau et son parquet en parfait état, ainsi que par ses proportions intéressantes. Et puis il y avait le jardin qui ferait la joie de ses deux enfants. Avec une lumineuse palette de tons saumon et de bois blonds, Chantal Thomass a complètement transformé l'espace; les fenêtres nues, sans rideaux, donnent un maximum de lumière et les portes ont été retirées pour améliorer les volumes. La juxtaposition de meubles de designers des années 30 et 40 et de pièces contemporaines sied parfaitement aux nouvelles dimensions de cette maison.

Chantal Thomass entwirft ganz besonders feminine Mode und Unterwäsche, und ihr Zuhause in Saint-Cloud ist ebenso charmant und verspielt wie ihre Kreationen. Als sie das Haus vor sieben Jahren entdeckte, war es ein heruntergekommenes Gebäude aus der Zeit der Jahrhundertwende. Aber auf Anhieb fühlte sie sich von bestimmten Details wie der Art-Nouveau-Treppe, dem sehr gut erhaltenen Parkettfußboden und den interessanten Proportionen angezogen – und dann war da natürlich der Garten, ideal für ihre beiden Kinder. Durch die Auswahl heller Farben, wie blasse Lachstöne, und hellen Holzes hat Chantal Thomass dem Haus ein völlig neues Gesicht gegeben. Die gardinenlosen Fenster lassen ein Höchstmaß an Licht einfallen, Türen wurden ausgehängt, um größere Räume zu schaffen. Das Nebeneinander von Designerstücken aus den dreißiger und vierziger Jahren und zeitgenössischen Kreationen entfaltet in den neu dimensionierten Räumen eine ganz und gar außergewöhnliche Wirkung.

Page 312: *the salon, with 40s' chairs by René Prou and a contemporary stool by André Dubreuil, doing duty as a coffee table. The vases and glasses are by René Lalique. The chairs have been customized by Chantal with velvet cushions in her trademark frilly heart shape. The pink marble fireplace, unusually placed under a window, echoes the salmon walls.*
Below: *a good example of the eccentric juxtapositions Chantal loves: a large console by designer Marco de Gueltzl with a few 40s' objects contrasts with the intricate and decorative iron balustrade of the sweeping stairway leading to the first floor. The stairway, balustrade and delicate mosaic floor are 1900 and original to the house.*

Page 312: *le salon avec des chaises datant des années 40, de René Prou et un tabouret contemporain d'André Dubreuil qui sert de petite table. Les vases et les verres sont de René Lalique. Les chaises ont été habillées par Chantal de coussins en velours dont la forme – un cœur bordé de volants – est sa marque de fabrique. La cheminée en marbre rose, placée de manière insolite sous une fenêtre, fait écho aux murs saumon.*
Ci-dessous: *un bon exemple des mélanges que Chantal affectionne. La grande console du designer Marco de Gueltzl, sur laquelle sont posés des objets des années 40, fait face à l'escalier aux courbes amples menant au premier étage avec sa rampe en fer forgé sophistiquée. L'escalier, la rampe et le sol en mosaïques délicates, typiquement 1900, appartenaient à la maison telle que Chantal l'a trouvée.*

Seite 312: *der Salon mit Stühlen aus den vierziger Jahren von René Prou und einem modernen Hocker von André Dubreuil, der als Beistelltisch fungiert. Die Vasen und Gläser stammen von René Lalique. Die Stühle hat Chantal mit Samtkissen in der für sie charakteristischen gerüschten Herzform versehen. Der Kamin aus rosa Marmor befindet sich in ungewöhnlicher Position unter einem Fenster und harmoniert mit den lachsfarbenen Wänden.*
Unten: *ein gutes Beispiel für die exzentrischen Kombinationen, die Chantal so sehr liebt. Eine langgestreckte Wandkonsole des Designers Marco de Gueltzl mit einigen Gegenständen aus den vierziger Jahren steht im Kontrast zum kunstvollen, dekorativen Eisengeländer der geschwungenen Treppe, die in den ersten Stock führt. Treppe, Geländer und der elegante Mosaikfußboden aus dem Jahre 1900 gehören zur ursprünglichen Ausstattung des Hauses.*

View of the dining room, with a large metal table by René Prou and little turn-of-the-century park chairs. The chest of drawers is by Shiro Kuramata. The parquet floor was bleached and the walls painted with old-rose stucco antico with the help of decorator Michel Hamont.

La salle à manger avec une grande table métallique de René Prou et des petites chaises de jardin début de siècle. La commode est de Shiro Kuramata. Le parquet a été blanchi et les murs vieux rose ont été réalisés selon la technique du stucco antico avec l'aide du décorateur Michel Hamont.

Blick in das Eßzimmer mit einem großen Metalltisch von René Prou und zierlichen Gartenstühlen aus der Zeit der Jahrhundertwende. Die Kommode hat Shiro Kuramata entworfen. Der Parkettboden ist gebleicht, die Wände in Altrosa wurden mit Hilfe des Raumgestalters Michel Hamont in Stucco-antico-Technik verputzt.

The small study which looks out onto the garden has a Murano crystal chandelier over a small 1940s' desk, one of Chantal's favourite pieces. The turn-of-the-century neo-gothic bookcase was discovered at an antiques fair at L'Isle-sur-la-Sorgue in the South of France.

Le petit bureau, donnant sur le jardin, avec son lustre en verre de Murano au-dessus d'une table de travail des années 40 – un des meubles préférés de Chantal. La bibliothèque néo-gothique du tournant du siècle a été découverte à la foire à la ferraille de L'Isle-sur-la-Sorgue, dans le Midi de la France.

In dem kleinen Arbeitszimmer mit Blick auf den Garten hängt ein Kronleuchter aus Muranoglas über einem Schreibtisch aus den vierziger Jahren, der zu Chantals Lieblingsstücken zählt. Den neogotischen Bücherschrank, der um die Jahrhundertwende datiert, stammt von einem Antiquitätenmarkt aus L'Isle-sur-la-Sorgue in Südfrankreich.

Above: *the bedroom has extraordinary painted trompe-l'œil walls and ceiling by artist Elise Rouzic. Chantal chose the motifs of flowers, angels and drapery. The overmantel, continues this motif in plaster. The curtains are in iridescent two-toned salmon-coloured silk taffeta.*
Following double page: *view of the bathroom, done entirely in mosaic and shells, of which Chantal has a huge collection. The bath is especially large and deep; the curved wall hides the shower. The stainless steel sinks are by Philippe Starck. Chantal often has shell-sticking sessions with her children at weekends, the aim being to cover every available surface in the bathroom with shells.*

Ci-dessus: *la chambre à coucher, avec une extraordinaire peinture en trompe-l'œil sur les murs et le plafond réalisée par le peintre Elise Rouzic. Chantal a choisi les motifs – fleurs, anges et draperies – qui sont repris sur le dessus de cheminée en plâtre. Les rideaux, en taffetas de soie translucides, jouent sur deux tons saumon.*
Double page suivante: *la salle de bains, toute en mosaïque et coquillages que Chantal collectionne. La baignoire est particulièrement grande et profonde et la douche se cache derrière les murs courbes. Les lavabos en acier inoxydable sont de Philippe Starck. Chantal adore les ornements en coquillages: souvent, le week-end, elle s'amuse avec ses enfants à en coller sur toutes les surfaces disponibles de la salle de bains.*

Oben: *Das Schlafzimmer schmücken ungewöhnliche Wand- und Deckenmalereien in Trompe-l'œil-Technik von der Künstlerin Elise Rouzic. Chantal hat die Motive – Blumen, Engel und Drapierungen – selbst ausgewählt. Die Gipsdrapierung des Kaminsimses führt das Thema fort. Bei den Vorhängen entschied sie sich für changierenden Seidentaft in zwei verschiedenen Lachstönen.*
Folgende Doppelseite: *Blick in das Badezimmer. Chantal gestaltete es ausschließlich mit Mosaiken und Muscheln aus ihrer großen Muschelsammlung. Die Badewanne ist besonders groß und tief, die Dusche verbirgt sich hinter den runden Wänden. Die Edelstahlbecken stammen von Philippe Starck. Chantal veranstaltet am Wochenende oft Muschelklebeaktionen mit ihren Kindern. Sie hat sich vorgenommen, jede nur verfügbare Fläche im Badezimmer mit Muscheln zu verzieren.*

Cléophée and Guillaume share a passion for gardens – the grand landscape gardens of châteaux often classed as national monuments. Together they run a shop on the Rue d'Assas called "Jardins Imaginaires" that specialises in garden furniture, garden tools and general garden paraphernalia. It was fitting, therefore, that they should choose to live in a mansion in the 16th arrondissement that had comparatively large grounds, including some mature trees. The house itself has a distinctly 19th century atmosphere. With their two children, they live surrounded by books (mostly 19th century botanical works) and escape to Normandy at the weekends.

Cléophée de Turckheim et Guillaume Pellerin

Cléophée et Guillaume ont en commun la passion des jardins. Il dessine de grands jardins ou des parcs de châteaux souvent classés monuments historiques. Tous deux ont une boutique rue d'Assas, «Jardins Imaginaires», spécialisée dans le mobilier, les outils et les accessoires de jardin. Il était donc logique qu'ils décident de vivre dans un hôtel particulier du XVIe arrondissement, agrémenté d'un jardin relativement spacieux avec quelques arbres vénérables. La demeure dégage une atmosphère tout à fait dix-neuvième. Ils y habitent avec leurs deux enfants, entourés de livres (essentiellement des ouvrages botaniques du 19e siècle) et s'échappent le week-end en Normandie.

Cléophée und Guillaume verbindet ihre leidenschaftliche Liebe zu Gärten – den großen Landschaftsgärten der Schlösser, oft Nationaldenkmäler. Zusammen betreiben sie in der Rue d'Assas den Laden »Jardins Imaginaires«, der auf Gartenmöbel, Gartengerät und Gärtnerbedarf aller Art spezialisiert ist. Es war daher nur konsequent, daß sie eine Wohnung in einem herrschaftlichen Haus des 16. Arrondissements nahmen, das ein vergleichsweise großes Grundstück und einen alten Baumbestand aufwies. Zusammen mit ihren zwei Kindern und ihren Büchern (größtenteils botanische Werke aus dem vorigen Jahrhundert) haben sie sich in diesem typischen Haus des 19. Jahrhunderts eingerichtet. An Wochenenden entfliehen sie in die Normandie.

Previous pages: *the garden façade and a portrait of Cléophée.*
Above: *one of the bathrooms, with a 19th century copper bath and a porcelain sink. Guillaume installed mahogany panelling; the wallpaper is English.*

Pages précédentes: *la façade sur le jardin et un portrait de Cléophée.*
Ci-dessus: *une des salles de bains avec une baignoire en cuivre 19e et un lavabo en porcelaine. Guillaume a posé les lambris en acajou; le papier peint est anglais.*

Vorhergehende Seiten: *Blick auf die dem Garten zugewandte Hausfassade und ein Porträt Cléophées.*
Oben: *eines der Badezimmer mit einer Kupferbadewanne aus dem 19. Jahrhundert und einem Porzellanwaschbecken. Die Wandvertäfelung aus Mahagoni hat Guillaume angebracht, die Tapete kommt aus England.*

The living room, which has taken on a bookish air. Blue and white porcelain from China and Japan is also displayed on the shelves. The two armchairs in the foreground are Regency; the others are part of a suite which includes a big leather Chesterfield sofa. The fireplace which Guillaume installed is 19th century carved wood and blue and white tiles. On the left is a glass cabinet from the same period, probably originally from an Italian sacristy, that holds a collection of wooden egg-cups and objects in wood.

Une ambiance studieuse flotte dans le salon. Sur les étagères, parmi les livres, de la porcelaine bleue et blanche de Chine ou du Japon. Les deux fauteuils au premier plan sont Régence; les autres sont assortis au canapé Chesterfield. La cheminée, installée par Guillaume, est du 19e siècle. Elle est en bois sculpté, avec des carreaux bleus et blancs. Sur la gauche, une vitrine de la même époque, probablement originaire d'une sacristie italienne, contient une collection de coquetiers et divers objets en bois.

Blick in das von Büchern dominierte Wohnzimmer. Die Regale stellen überdies blaues und weißes China- und Japanporzellan zur Schau. Die beiden Armlehnstühle stammen aus dem Regency. Die anderen Sessel sind Teil einer Sitzgruppe, zu der auch ein großes ledernes Chesterfieldsofa gehört. Der von Guillaume hinzugefügte Kamin aus dem 19. Jahrhundert ist holzgeschnitzt und mit blauen und weißen Kacheln verziert. Die Vitrine links stand vermutlich früher einmal in einer italienischen Sakristei und datiert ebenfalls aus dem 19. Jahrhundert. Sie enthält eine Sammlung hölzerner Eierbecher sowie andere Holzgegenstände.

CALIFORNIA

Virginie Viard is Karl Lagerfeld's muse at Chloé and also often designs costumes for films. She lives in a small three-room apartment in Montparnasse in a classic 19th century building which, with the help of her friend Stefan Lubrina, she has completely transformed into a stunning hybrid of 1930s' Christian Bérard and colourful contemporary kitsch. There are decorated surfaces wherever you look, evoking sources as diverse as Bloomsbury and Jean-Michel Basquiat. Her sense of fun has led her to break every rule that defines "bon goût" and to pile up her collection of snowscenes next to a telephone that croaks like a frog and sits on a multi-coloured stool upholstered in faux zebra . . . among other visual jokes.

Virginie Viard

Virginie Viard, muse de Karl Lagerfeld chez Chloé, crée aussi des costumes pour le cinéma. Elle habite un petit trois-pièces dans un immeuble classique du 19e siècle à Montparnasse. Avec l'aide de son ami Stefan Lubrina, elle en a fait un étonnant hybride où se mêlent l'influence de Christian Bérard, des années 30 et un kitsch coloré tout à fait contemporain. Les surfaces décorées peuvent évoquer des sources aussi diverses que Bloomsbury et Jean-Michel Basquiat. Son sens de l'humour l'a amenée à casser toutes les règles du «bon goût» et à empiler ses collections de boules neigeuses à côté de son téléphone-grenouille qui coasse sur un pouf en faux zèbre multicolore . . . parmi d'autres gags visuels.

Virginie Viard ist nicht nur Karl Lagerfelds Muse bei Chloé, sie entwirft außerdem häufig Kostüme für Filme. Ihre kleine Dreizimmerwohnung befindet sich in einem klassischen Gebäude des 19. Jahrhunderts in Montparnasse. Mit Hilfe ihres Freundes Stefan Lubrina gab sie ihrem Appartement ein völlig neues Gesicht und ließ eine atemberaubende Stilmischung entstehen, indem sie Elemente Christian Bérards mit knallbuntem zeitgenössischem Kitsch kombinierte. Wo immer man hinschaut, überall dekorierte Flächen, die so verschiedene Quellen verraten wie Bloomsbury oder Jean-Michel Basquiat. Ihre spielerische Art läßt sie mit den Regeln des guten Geschmacks brechen: ihre Sammlung von Schneekugeln ist neben dem Telefon aufgebaut, das wie ein Frosch quakt und auf einem bunten Schemel steht, der mit imitiertem Zebra überzogen ist . . . ein Beispiel von vielen.

Page 324: the cupboard has been papered with music scores. The painting propped up against the wall is by Stefan Lubrina in the style of Jean-Michel Basquiat and was commissioned by director Bruno Nuttyen for a film on which Virginie also worked.
Above: the bedroom is a colourful rendition of Christian Bérard's 1939 trompe-l'œil for Jean-Michel Frank's decoration of the salons at the Institut Guerlain.
Right: the apartment abounds in amusing details such as the Christmas lights in the shape of tomatoes. The rug is by Elisabeth Garouste and Mattia Bonetti and the fireplace is painted ultramarine with a mirror mosaic by Lubrina.

Page 324: l'armoire a été tapissée de partitions de musique. Le tableau appuyé contre le mur est de Stefan Lubrina, dans le style de Jean-Michel Basquiat; il a été commandé par le réalisateur Bruno Nuttyen pour un film sur lequel Virginie a aussi travaillé.
Ci-dessus: la chambre à coucher, une réinterprétation en couleur du trompe-l'œil que Christian Bérard réalisa en 1939 pour Jean-Michel Frank, auquel fut confiée la décoration des salons de l'institut Guerlain.
A droite: l'appartement regorge de détails amusants comme ces lampions de Noël en forme de tomates. Le tapis est d'Elisabeth Garouste et Mattia Bonetti, et la cheminée, peinte en bleu outremer, porte une mosaïque en miroir de Lubrina.

Seite 324: Der Schrank wurde mit Notenblättern beklebt. Das Gemälde an der Wand hat Stefan Lubrina im Stil Jean-Michel Basquiats gemalt. Es ist eine Auftragsarbeit für einen Film des Regisseurs Bruno Nuttyen, an dem auch Virginie beteiligt war.
Oben: Das Schlafzimmer ist eine farbenfrohe Nachschöpfung des Trompe-l'œil, das Christian Bérard 1939 für Jean-Michel Frank schuf, als dieser an der Ausgestaltung der Salons im Institut Guerlain arbeitete.
Rechts: Die Wohnung enthält eine wahre Fülle witziger Details, so etwa Christbaumkerzen in Form von Tomaten. Der Läufer stammt von Elisabeth Garouste und Mattia Bonetti, den ultramarinblau gestrichenen Kamin ziert ein Spiegelmosaik von Lubrina.

This perfectly proportioned Parisian apartment, situated in the heart of the historic 7th arrondissement, was originally two smaller spaces. Now, with her idiosyncratic taste for curios and her love of all things English, Barbara Wirth has transformed it into a spacious apartment, always in a process of change. With her cousin, decorator Christian Badin, she seeks out young craftsmen and artists, and more often than not puts them to work on her personal projects. Her other great passion is creating new gardens, and her library overflows with reference works and seed catalogues, as well as flowers from her neighbour, the celebrated Parisian florist, Monsieur Moulié.

Barbara Wirth

Cet appartement parisien aux proportions parfaites, situé dans le cœur historique du VIIe arrondissement était, à l'origine, composé de deux espaces plus petits. Avec son goût si particulier pour les objets de curiosité et son amour des choses anglaises, Barbara Wirth en a fait un lieu original, toujours en transformation. Avec son cousin, le décorateur Christian Badin, elle aime à découvrir de jeunes artisans et artistes et n'hésite pas à les faire travailler chez elle. Elle se passionne aussi pour le paysage et la création de jardins et sa bibliothèque croule sous les ouvrages spécialisés et les catalogues de graines, sans parler des bouquets de fleurs de son voisin, le célèbre fleuriste parisien monsieur Moulié.

Dieses perfekt geschnittene Pariser Appartement mitten im Herzen des historischen 7. Arrondissements bestand ursprünglich aus zwei kleineren Wohnungen. Ihr Hang zum Kuriosen und ihre Vorliebe für alles Englische ließen Barbara Wirths Wohnung zu einem Projekt im stetigen Wandel werden. Zusammen mit ihrem Cousin, dem Innenarchitekten Christian Badin, ist sie beständig auf der Suche nach jungen Kunsthandwerkern und Künstlern, die sich dann oft im Handumdrehen mit Aufträgen für ihre Wohnung befaßt sehen. Ihre zweite große Leidenschaft gilt dem Anlegen neuer Gärten. In ihrer Bibliothek finden sich nicht nur zahllose botanische Nachschlagewerke, sondern immer auch Blumen, die sie beim benachbarten Pariser Starfloristen Monsieur Moulié ersteht.

Page 328: Cookie the labrador sleeps among the collection of antique watering cans at the foot of the carved tree by Timothy Hennessey in the entrance hall.
Above: view of the desk in the study.
Right: the same room, with its pistachio and coral panelling and geometric flagged floor. The watercolours show the plans for the fortifications of Paris that Napoleon ordered in 1808. The metal chair is by Diego Giacometti.

Page 328: Cookie, le labrador, dort dans le vestibule devant une collection de cruches anciennes disposées au pied d'un arbre sculpté de Timothy Hennessy.
Ci-dessus: le bureau.
A droite: les boiseries pistache et corail de la même pièce avec son sol carrelé aux alternances géométriques. Les aquarelles représentent le plan des fortifications de Paris commandées par Napoléon en 1808. Le siège en métal est de Diego Giacometti.

Seite 328: Zu Füßen eines geschnitzten Baums von Timothy Hennessy im Hausflur hält der Labrador Cookie inmitten der Sammlung alter Gießkannen ein Nickerchen.
Oben: ein Blick auf den Schreibtisch im Arbeitszimmer.
Rechts: die pistaziengrünen und korallenroten Holzvertäfelungen sowie der geometrisch gemusterte Fliesenboden im Arbeitszimmer. Die Aquarelle zeigen die Pläne für die von Napoleon im Jahre 1808 angeordnete Befestigung von Paris. Der Metallstuhl stammt von Diego Giacometti.

The modern lamps on the chimneypiece are by designer Roberto Hendrichsen and are surrealistic "nests" of steel wool and crystal on candlesticks that date from the Austrian Empire. Eric created the very masculine effect of mottled brown on the walls by applying wood stain irregularly with a rag over several days.

Les lampes modernes sur le manteau de cheminée, du designer Roberto Hendrichsen, sont des «nids» surréalistes en laine d'acier et cristal posés sur des bougeoirs Empire autrichiens. Eric a créé une ambiance très masculine avec ses murs d'un marron tacheté, réalisé en appliquant de la teinture pour bois par touches, à l'aide d'un chiffon – opération qu'il a dû répéter plusieurs jours de suite.

Auf dem Kaminsims moderne Lampen von Roberto Hendrichsen; diesen surrealistischen »Nestern« aus Stahlwolle und Kristall dienen Kerzenständer aus der Habsburgerzeit als Untersatz. Den marmorierten Braunton der Wände erzielte Eric, indem er mehrere Tage lang Holzbeize unregelmäßig mit einem Lappen auftrug.

"Organized clutter" would be one way of describing Eric Wright's apartment just off the Quai Voltaire on the Left Bank, but he would probably hate the label. Eric is very much an individualist and has created a unique environment where his passion for geometry, graphic shapes and order somehow happily cohabits with an enormous amount of accumulated photographs, paintings, records, boxes, paper, posters and, above all, books. Most of these are art books, which, piled up all over the apartment, take on a certain significance and define the mood, just as much as the Cubist Czech furniture or the unusual paint effects on the walls.

Eric Wright

Un fouillis organisé, ainsi pourrait-on décrire l'appartement d'Eric Wright, rive gauche, sur le quai Voltaire – mais probablement détesterait-il la formule. Eric Wright, grand individualiste, a su créer un environnement unique où sa passion pour les formes géométriques, la netteté graphique et l'ordre s'allie avec bonheur à une folle accumulation de photographies, de tableaux, de souvenirs, de boîtes, de papiers, d'affiches et, surtout, de livres. La plupart sont des livres d'art, dont les piles, parsemées dans tout l'appartement, lui donnent son sens et son humeur, au même titre que le mobilier cubiste tchèque ou les amusants effets de peinture sur les murs.

Als geordnetes Durcheinander könnte man Eric Wrights Wohnung in einer Seitenstraße des Quai Voltaire am linken Ufer beschreiben, doch das Etikett würde ihm wohl mißfallen. Eric ist ganz und gar Individualist und hat sich eine unverwechselbare Umgebung geschaffen; seine Vorliebe für Geometrisches, graphische Formen und Ordnung bildet einen gelungenen Kontrast zur ungeheueren Menge angehäufter Fotos, Gemälde, Schallplatten, Schachteln, Plakate und vor allem Bücher. Bei letzteren handelt es sich vorwiegend um Kunstbildbände, die – in Stapeln über die ganze Wohnung verteilt – eine unübersehbare Bedeutung gewinnen und die Atmosphäre ebenso prägen wie die Möbel des tschechischen Kubismus oder die originellen Farbeffekte an den Wänden.

Views of the striped bedroom and the television room, both with hand-painted walls by the designer and decorative artist Stefan Lubrina. The original Christian Bérard posters above the bed are part of a collection that Eric prefers to leave unframed. The flower collages are originals for fabric designs by Karl Lagerfeld.

Vues de la chambre à coucher, jouant des rayures, et de la salle de télévision dont les murs ont été peints par le designer et peintre-décorateur Stefan Lubrina. L'affiche originale de Christian Bérard, au-dessus du lit, qu'Eric a préféré ne pas encadrer, fait partie de sa collection personnelle. Les collages à motifs floraux sont des modèles pour tissus dessinés par Karl Lagerfeld.

Ansichten des gestreiften Schlafzimmers und des Fernsehzimmers. In beiden Räumen hat der Designer und Dekormaler Stefan Lubrina die Wände von Hand bemalt. Die Originalposter von Christian Bérard über dem Bett sind Teil einer Sammlung, die Eric lieber ungerahmt läßt. Die Blumencollagen dienten ursprünglich Karl Lagerfeld als Vorlagen für Stoffmuster.

View of Eric's work table, characteristically covered in polaroids, catalogue books picked up all over the world, and work in progress. The chairs are by Michele de Lucchi from the 80s, and the organic glass fruit bowl is by Borek Sípek.

Le bureau d'Eric, évidemment couvert de polaroïds, de catalogues d'exposition rapportés du monde entier et de travaux en cours. Les chaises sont signées Michele de Lucchi (années 80) et le compotier en verre, aux formes organiques, est de Borek Sípek.

Ein typisches Bild von Erics Arbeitstisch: übersät mit Polaroidaufnahmen, Katalogen und Büchern aus aller Herren Länder sowie Material von Projekten, an denen er gerade arbeitet. Die Stühle sind von Michele de Lucchi aus den achtziger Jahren, und die organisch geformte Obstschale aus Glas stammt von Borek Sípek.

View of the study, the main room in the late 18th century apartment. The black and white furniture was commissioned by Karl Lagerfeld, with whom Eric works, as part of a set for a photographic shoot. Inspired by the work of the Austrian designer Dagobert Peche, all the pieces were made five times larger than life, with the exception of the bookcase, which is a rendition of a 1915 piece, which Peche designed for a fashion showroom.

Vue du bureau, la pièce centrale de cet appartement de la fin du 18e siècle. Le mobilier noir et blanc a été commandé par Karl Lagerfeld, avec lequel Eric travaille, pour faire le décor d'une série de photographies. Inspirées par l'œuvre du designer autrichien Dagobert Peche, toutes les pièces sont gigantesques (5 fois grandeur nature) à l'exception de la bibliothèque qui est une interprétation d'un meuble que Peche réalisa en 1915 pour le salon d'une maison de couture.

Ein Blick in das Arbeitszimmer, den Mittelpunkt dieser Wohnung aus dem späten 18. Jahrhundert. Die schwarzweißen Möbel wurden von Karl Lagerfeld, mit dem Eric zusammenarbeitet, als Dekor für eine Serie von Fotoaufnahmen in Auftrag gegeben. Es sind fünffache Vergrößerungen von Arbeiten des österreichischen Designers Dagobert Peche. Nur das Bücherregal ist die maßstabgerechte Nachbildung eines Möbelstücks, das Peche 1915 für einen Modesalon entwarf.

The sofa and the sculpture are also enlarged Peche pieces. After months of searching for fabric, the curtains ended up being made from dark blue and white striped sheets, because the stripe was exactly right. On the left is an original director's chair and on the right, a chaise-longue that was also made as part of a set design for photographs. It was inspired by the contemporary architecture of Coop Himmelblau.

Le canapé et les sculptures sont aussi des œuvres de Peche agrandies. Après des mois passés à chercher un tissu, les rideaux furent finalement taillés dans des draps rayés blanc et bleu foncé, choisis pour leurs rayures exactement rectilignes et leur tombé parfait. A gauche, un fauteuil de metteur en scène original et à droite, une chaise longue qui faisait, elle aussi, partie d'un décor conçu pour des photographies. Elle s'inspire de l'architecture contemporaine de Coop Himmelblau.

Auch das Sofa und die Skulptur sind vergrößerte Entwürfe von Peche. Nachdem Eric monatelang nach dem richtigen Stoff gesucht hatte, wurden die Gardinen schließlich aus dunkelblau-weiß gestreifen Bettüchern angefertigt – weil diese genau die richtigen Streifen aufwiesen. Links sieht man einen echten Regiestuhl und rechts eine Chaiselongue, die ebenfalls als Dekorstück für eine Fotoserie angefertigt wurde. Die Anregung hierzu lieferten die zeitgenössischen architektonischen Arbeiten von Coop Himmelblau.

Addresses / Adresses / Adressen

Azzedine Alaïa
Fashion
7, rue de Moussy
75004 Paris

Roberto Bergero
Decorator
11, rue Paul Albert
75018 Paris

Binoche et Godeaut
Auctioneers
5, rue La Boétie
75008 Paris

Masakazu Bokura
Architect
32, rue Pierre Semard
75009 Paris

Manuel Canovas
Arts de vivre
30, avenue George-V
75008 Paris
7, rue de Furstemberg
75006 Paris

Madeleine Castaing
Decoration
21, rue Bonaparte
75006 Paris

Christian Duc
Architect
20, rue Croix-de-Petit-Champs
75001 Paris

Ecart Design
111, rue St-Antoine
75004 Paris

Inès de la Fressange
Fashion
14, avenue Montaigne
75008 Paris

Jacques Garcia
Interior Decoration
212, rue de Rivoli
75001 Paris

Yves Gastou
Design Gallery
12, rue Bonaparte
75006 Paris

Jacques Grange
Interior Decoration
118, rue du Faubourg-St-Honoré
75008 Paris

Michel Klein
Fashion
6, rue du Pré-aux-Clercs
75007 Paris

Christian Lacroix
Fashion
73, rue du Faubourg-St-Honoré
75008 Paris

Alexis Lahellec
Jewellery and object designer
14-16, rue Jean-Jacques-Rousseau
75001 Paris

Mony Lintz-Einstein
Galerie Epoca
Antiques
60, rue de Verneuil
75007 Paris

Stefan Lubrina
Paint effects
2, boulevard Voltaire
75011 Paris

Thierry Mugler
Fashion
49, avenue Montaigne
75008 Paris
10, place des Victoires
75002 Paris

Denise Orsoni
Antiques
Rives d'Hippone
8, rue de Valois
75001 Paris

Pierre Passebon
Contemporary Art and Design
21, impasse des Bourdonnais
75001 Paris
Classic Design
20–22 Galerie Véro-Dodat
75001 Paris

Pierre et Gilles
Galerie Samia Saouma
16, rue des Coutures-St.-Gervais
75003 Paris

Patrick et Anne Poirier
Galerie Thaddaeus Ropac
7, rue Debelleyme
75003 Paris

Ravage
Design
36, rue de la Fontaine-au-Roi
75011 Paris

Jean - Louis Riccardi
Decoration
32, rue Vineuse
75016 Paris

Christian Sapet
Antiques
6, Marché Paul Bert
93400 St. Ouen

Hervé van der Straeten
Jewellery and Objects
Pettilault Accessoires
28, rue Danielle-Casanova
75002 Paris

Chantal Thomass
Fashion
1, rue Vivienne
75001 Paris

Cléophée de Turckheim
Decoration
"Jardin Imaginaires"
9 bis, rue d'Assas
75006 Paris

Barbara Wirth and Christian Badin
Decoration
David Hicks France
12, rue de Tournon
75006 Paris

Bibliography / Bibliographie

Boyer, Marie-France; Girardeau, Philippe: Paris Style, The Private Apartments of Paris. Weidenfeld & Nicolson, London, 1989

Friedman, Joe: Interieurs in Paris. Christian Verlag, München, 1990

Hogg, Min; Harrop, Wendy: The World of Interiors. Clarkson N. Potter Inc., New York, 1988

Kimmel, Roberta, Edith Newhall: In Artists'Homes. Clarkson N. Potter Inc., New York, 1992

Marchand, Bernard: Paris, histoire d'une ville (XIXe–XXe siècle). Editions du Seuil, Collection Histoire, Ballainvilliers, 1993

Témoignages groupés par P. Bessand-Massenet: Air et Manières de Paris. Bernard Grasset Editeur, Paris, 1951

Témoignages groupés par Françoise de Villandry: Au nom de Paris . . . Editions Artère, Paris, 1985

Thorton, Peter: Authentic Decor: The Domestic Interior 1620–1920. Weidenfeld & Nicolson, London, 1984

Vercelloni, Isa: Wohnstil und Wohnideen, Das Beste aus Casa Vogue. Verlag W. Kohlhammer, Stuttgart, 1985

Acknowledgements / Remerciements / Danksagung

I would like to dedicate this book to my mother and also to Madeleine Castaing, the doyenne of Parisian antique dealers and decorators, who passed away before it was completed but whose kooky aesthetics and wonderful eye have left an unforgettable legacy.
Special thanks and acknowledgements to: Jacques Grange, Roland Beaufre, Deidi von Schaewen, Anne and everyone at Stylograph, Katie Holmes, Nathalie Cohelo, Agence Top, Karen Jaegel (for proof-reading), the late Luis Carta, Rachele Enriquez, Gerald le Signe, Jean-Pierre Godeaut, and especially to Sabrina for putting up with the irritability and anguish of a writer at home.
Thanks to: Hachette International, Marie Claire Group International, The Condé Nast Publications International, where much of these photographic material was originally published.

Ce livre est dédié à ma mère et à Madeleine Castaing, la doyenne des antiquaires et décorateurs parisiens, qui s'est éteinte avant qu'il ne soit achevé. Son incroyable sens esthétique et son coup d'œil merveilleux resteront inoubliables.
Je remercie particulièrement Jacques Grange, Roland Beaufre, Deidi von Schaewen, Anne et tout le monde chez Stylograph, Katie Holmes, Natalie Cohelo, Agence Top, Karen Jaegel (qui a corrigé les épreuves), sans oublier Luis Carta, Rachele Enriquez, Gerald le Signe, Jean-Pierre Godeaut, et surtout Sabrina qui a supporté mes humeurs et mes angoisses d'écrivain.
Je remercie également Hachette International, Marie Claire Group International, The Condé Nast Publications International qui ont publié initialement une partie de la documentation photographique.

Ich widme dieses Buch meiner Mutter sowie Madeleine Castaing, der Doyenne der Pariser Antiquitätenhändler und Inneneinrichter, die die Fertigstellung des Buches nicht mehr erlebte – doch ihr unglaublicher Sinn für Ästhetik und ihr unbeirrbarer Blick bleiben unvergessen.
Mein besonderer Dank gilt Jacques Grange, Roland Beaufre, Deidi von Schaewen, Anne und allen Mitarbeitern von Stylograph, Katie Holmes, Natalie Cohelo, der Agence Top, Karen Jaegel (die Korrektur las), dem verstorbenen Luis Carta, Rachele Enriquez, Gerald le Signe, Jean-Pierre Godeaut, und vor allem Sabrina – dafür, daß sie die Krisen einer Autorin in den eigenen vier Wänden ertrug.
Außerdem geht mein Dank an Hachette International, Marie Claire Group International, The Condé Nast Publications International, wo ein Teil des Bildmaterials zuerst veröffentlicht wurde.